Maximilien de Robespierre

Discours par Robespierre

discours

ISBN : 978-1511618878

10 9 8 7 6 5 4 3 2 1

Maximilien de Robespierre

Discours par Robespierre

discours

Table de Matières

Discours sur la peine de mort

Célèbre discours de Maximilien de Robespierre pour l'abolition de la peine de mort le 30 mai 1791 au sein de l'Assemblée constituante.

« La nouvelle ayant été portée à Athènes que des citoyens avaient été condamnés à mort dans la ville d'Argos, on courut dans les temples, et on conjura les dieux de détourner des Athéniens des pensées si cruelles et si funestes. Je viens prier non les dieux, mais les législateurs, qui doivent être les organes et les interprètes des lois éternelles que la Divinité a dictées aux hommes, d'effacer du code des Français les lois de sang qui commandent des meurtres juridiques, et que repoussent leurs mœurs et leur constitution nouvelle. Je veux leur prouver, 1° que la peine de mort est essentiellement injuste ; 2° qu'elle n'est pas la plus réprimante des peines, et qu'elle multiplie les crimes beaucoup plus qu'elle ne les prévient.

Hors de la société civile, qu'un ennemi acharné vienne attaquer mes jours, ou que, repoussé vingt fois, il revienne encore ravager le champ que mes mains ont cultivé, puisque je ne puis opposer que mes forces individuelles aux siennes, il faut que je périsse ou que je le tue ; et la loi de la défense naturelle me justifie et m'approuve. Mais dans la société, quand la force de tous est armée contre un seul, quel principe de justice peut l'autoriser à lui donner la mort ? quelle nécessité peut l'en absoudre ? Un vainqueur qui fait mourir ses ennemis captifs est appelé barbare ! Un homme fait qui égorge un enfant qu'il peut désarmer et punir, paraît un monstre ! Un accusé que la société condamne n'est tout au plus pour elle qu'un ennemi vaincu et impuissant ; il est devant elle plus faible qu'un enfant devant un homme fait.

Ainsi, aux yeux de la vérité et de la justice, ces scènes de mort, qu'elle ordonne avec tant d'appareil, ne sont autre chose que de lâches assassinats, que des crimes solennels, commis, non par des individus, mais par des nations entières, avec des formes légales. Quelque cruelles, quelque extravagantes que soient ces lois, ne vous en étonnez plus : elles sont l'ouvrage de quelques tyrans ; elles sont les chaînes dont ils accablent l'espèce humaine ; elles sont les armes avec lesquelles ils la subjuguent : elles furent écrites avec du sang. Il n'est point permis de mettre à mort un citoyen romain : telle était la loi que le peuple avait portée. Mais Sylla vainquit, et dit : Tous ceux qui ont porté les armes contre moi sont dignes de mort. Octave et les compagnons de ses forfaits confirmèrent cette loi.

Sous Tibère, avoir loué Brutus fut un crime digne de mort. Caligula condamna à mort ceux qui étaient assez sacrilèges pour se déshabiller devant l>image de l>empereur. Quand la tyrannie eut inventé les crimes de lèse-majesté, qui étaient ou des actions indifférentes ou des actions héroïques, qui eût osé penser qu>elles pouvaient mériter une peine plus douce que la mort, à moins de se rendre coupable lui-même de lèse-majesté ?

Quand le fanatisme, né de l>union monstrueuse de l>ignorance et du despotisme, inventa à son tour les crimes de lèse-majesté divine, quand il conçut, dans son délire, le projet de venger Dieu lui-même, ne fallut-il pas qu>il lui offrît aussi du sang, et qu>il le mît au moins au niveau des monstres qui se disaient ses images ?

La peine de mort est nécessaire, disent les partisans de l>antique et barbare routine ; sans elle il n>est point de frein assez puissant pour le crime. Qui vous l>a dit ? Avez-vous calculé tous les ressorts par lesquels les lois pénales peuvent agir sur la sensibilité humaine ? Hélas ! Avant la mort, combien de douleurs physiques et morales l>homme ne peut-il pas endurer !

Le désir de vivre cède à l>orgueil, la plus impérieuse de toutes les passions qui maîtrisent le cœur de l>homme. La plus terrible de toutes les peines pour l>homme social, c>est l>opprobre, c>est l>accablant témoignage de l>exécration publique. Quand le législateur peut frapper les citoyens par tant d>endroits sensibles et de tant de manières, comment pourrait il se croire réduit à employer la peine de mort ? Les peines ne sont pas faites pour tourmenter les coupables, mais pour prévenir le crime par la crainte de les encourir.

Le législateur qui préfère la mort et les peines atroces aux moyens plus doux qui sont en son pouvoir, outrage la délicatesse publique, émousse le sentiment moral chez le peuple qu>il gouverne, semblable à un précepteur mal habile qui, par le fréquent usage des châtiments cruels, abrutit et dégrade l>âme de son élève ; enfin, il use et affaiblit les ressorts du gouvernement, en voulant les tendre avec trop de force.

Le législateur qui établit cette peine renonce à ce principe salutaire, que le moyen le plus efficace de réprimer les crimes est d>adapter les peines au caractère des différentes passions qui les produisent, et de les punir, pour ainsi dire, par elles-mêmes. Il confond toutes les idées, il trouble tous les rapports, et contrarie ouvertement le but des lois pénales.

La peine de mort est nécessaire, dites-vous. Si cela est, pourquoi plusieurs peuples ont-ils su s>en passer ? Par quelle fatalité ces peuples ont-ils été les plus sages, les plus heureux et les plus libres ? Si la peine de mort est la plus propre à prévenir de grands crimes, il faut donc qu>ils aient été plus rares chez les peuples qui l>ont adoptée et prodiguée. Or, c>est précisément tout le contraire. Voyez le Japon : nulle part la peine de mort et les supplices ne sont autant prodigués ; nulle part les crimes ne sont ni si fréquents ni si atroces. On dirait que les Japonais, veulent disputer de férocité avec les lois barbares qui les outragent et qui les irritent. Les républiques de la Grèce, où les peines étaient modérées, où la peine de mort était ou infiniment rare, ou absolument inconnue, offraient-elles plus de crimes et moins de vertu que les pays gouvernés par des lois de sang ? Croyez-vous que Rome fut souillée par plus de forfaits, lorsque, dans les jours de sa gloire, la loi Porcia eut anéanti les peines sévères portées par les rois et par les décemvirs, qu>elle ne le fut sous Sylla, qui les fit revivre, et sous les empereurs, qui en portèrent la rigueur à un excès digne de leur infâme tyrannie. La Russie a-t-elle été bouleversée depuis que le despote qui la gouverne a entièrement supprimé la peine de mort, comme s>il eût voulu expier par cet acte d>humanité et de philosophie le crime de retenir des millions d>hommes sous le joug du pouvoir absolu.

Écoutez la voix de la justice et de la raison ; elle vous crie que les jugements humains ne sont jamais assez certains pour que la société puisse donner la mort à un homme condamné par d'autres hommes sujets à l'erreur. Eussiez-vous imaginé l'ordre judiciaire le plus parfait, eussiez-vous trouvé les juges les plus intègres et les plus éclairés, il restera toujours quelque place à l'erreur ou à la prévention. Pourquoi vous interdire le moyen de les réparer ? pourquoi vous condamner à l'impuissance de tendre une main secourable à l'innocence opprimée ? Qu'importent ces stériles regrets, ces réparations illusoires que vous accordez à une ombre vaine, à une cendre insensible ! Elles sont les tristes témoignages de la barbare témérité de vos lois pénales. Ravir à l'homme la possibilité d'expier son forfait par son repentir ou par des actes de vertu, lui fermer impitoyablement tout retour à la vertu, l'estime de soi-même, se hâter de le faire descendre, pour ainsi dire,

Maximilien de Robespierre

dans le tombeau encore tout couvert de la tache récente de son crime, est à mes yeux le plus horrible raffinement de la cruauté.

Le premier devoir du législateur est de former et de conserver les mœurs publiques, source de toute liberté, source de tout bonheur social. Lorsque, pour courir à un but particulier, il s>écarte de ce but général et essentiel, il commet la plus grossière et la plus funeste des erreurs ; il faut donc que la loi présente toujours au peuple le modèle le plus pur de la justice et de la raison. Si, à la place de cette sévérité puissante, calme, modérée qui doit les caractériser, elles mettent la colère et la vengeance ; si elles font couler le sang humain, qu>elles peuvent épargner et qu>elles n>ont pas le droit de répandre ; si elles étalent aux yeux du peuple des scènes cruelles et des cadavres meurtris par des tortures, alors elles altèrent dans le cœur des citoyens les idées du juste et de l>injuste, elles font germer au sein de la société des préjugés féroces qui en produisent d>autres à leur tour. L>homme n>est plus pour l>homme un objet si sacré : on a une idée moins grande de sa dignité quand l>autorité publique se joue de sa vie. L>idée du meurtre inspire bien moins d>effroi lorsque la loi-même en donne l>exemple et le spectacle ; l>horreur du crime diminue dès qu>elle ne le punit plus que par un autre crime. Gardez-vous bien de confondre l>efficacité des peines avec l>excès de la sévérité : l>un est absolument opposé à l>autre. Tout seconde les lois modérées ; tout conspire contre les lois cruelles.

On a observé que dans les pays libres, les crimes étaient plus rares et les lois pénales plus douces. Toutes les idées se tiennent. Les pays libres sont ceux où les droits de l>homme sont respectés, et où, par conséquent, les lois sont justes. Partout où elles offensent l>humanité par un excès de rigueur, c>est une preuve que la dignité de l>homme n>y est pas connue, que celle du citoyen n>existe pas : c>est une preuve que le législateur n>est qu>un maître qui commande à des esclaves, et qui les châtie impitoyablement suivant sa fantaisie. Je conclus à ce que la peine de mort soit abrogée. »

Opinion sur les subsistances

Discours prononcé à la Convention le 2 décembre 1792

Parler aux représentants du peuple des moyens de pourvoir à sa sub-sistance, ce n'est pas seulement leur parler du plus sacré de leurs de-voirs, mais du plus précieux de leurs intérêts. Car, sans doute, ils se confondent avec lui.

Ce n'est pas la cause des citoyens indigents que je veux plaider, mais celle des propriétaires et commerçants eux-mêmes.

Je me bornerai à rappeler des principes évidents, mais qui semblent oubliés. Je n'indiquerai que des mesures simples qui ont déjà été pro-posées, car il s'agit moins de créer de brillantes théories, que de revenir aux premières notions du bon sens.

Dans tout pays où la nature fournit avec prodigalité aux besoins des hommes, la disette ne peut être imputée qu'aux vices de l'administra-tion ou des lois elles-mêmes ; les mauvaises lois et la mauvaise admi-nistration ont leur source dans les faux principes et dans les mauvaises moeurs.

C'est un fait généralement reconnu que le sol de la France produit beaucoup au-delà de ce qui est nécessaire pour nourrir ses habitants, et que la disette actuelle est une disette factice. La conséquence de ce fait et du principe que j'ai posé peut être fâcheuse, mais ce n'est pas le moment de nous flatter.

Citoyens, c'est à vous qu'est réservée la gloire de faire triompher les vrais principes, et de donner au monde des lois justes. Vous n'êtes point faits pour vous traîner servilement dans l'ornière des préjugés tyran-niques, tracée par vos devanciers, ou plutôt vous commencez une nou-velle carrière où personne ne vous a devancés. Vous devez soumettre du moins à un examen sévère toutes les lois faites sous le despotisme royal, et sous les auspices de l'aristocratie nobiliaire, ecclésiastique ou bourgeoise; et jusques ici, vous n'en avez point d'autres. L'autorité la plus imposante qu'on nous cite, est celle d'un ministre de Louis XVI, combattue par un autre ministre du même tyran. J'ai vu naître la législa-tion de l'assemblée constituante sur le commerce des grains; elle n'étoit que celle du tems qui l'avoit précédée; elle n'a pas changé jusqu'à ce moment, parce que les intérêts et les préjugés qui en étoient la base, n'ont point changé. J'ai vu, au tems de la même assemblée, les mêmes événemens qui se renouvellent à cette époque; j'ai vu l'aristocratie accuser le peuple ; j'ai vu les intrigants hypocrites imputer leurs propres crimes aux défenseurs de la liberté qu'ils nommaient agitateurs et anarchistes ; j'ai vu un ministre impudent dont il n'était pas permis de soupçonner la vertu, exiger les adorations de la France en la ruinant, et du sein de ces criminelles intrigues, la tyrannie sortir armée de la loi martiale, pour se baigner légalement dans le sang des citoyens affamés. Des millions au ministre, dont il était défendu de lui demander compte, des primes qui tournaient au profit de sang-sues du peuple, la liberté indéfinie du commerce ; et des baïonnettes pour calmer les alarmes ou pour opprimer la faim, telle fut la politique vantée des nos premiers législateurs.

Les primes peuvent être discutées ; la liberté du commerce est nécessaire jusqu'au point où la cupidité homicide commence à en abuser ; l'usage des baïonnettes est une atrocité ; ce système est essentiellement incomplet parce qu'il ne porte point sur le véritable principe.

Les erreurs où on est tombé à cet égard me paraissent venir de deux causes principales :

1° Les auteurs de la théorie (du libre marché)n'ont considéré les denrées les plus nécessaires à la vie que comme une marchandise ordinaire, et n'ont mis aucune différence entre le commerce du blé, par exemple, et celui de l'indigo ; ils ont plus disserté sur le commerce des grains, que sur la subsistance du peuple ; et faute d'avoir fait entrer cette donnée dans leurs calculs, ils ont fait une fausse application des principes évidents en général ;c'est ce mélange de vrai et de faux qui a donné quelque chose de spécieux à un système erroné.

2° Il l'ont bien moins encore adapté aux circonstances orageuses que les révolutions amènent ; et leur vague théorie fût-elle bonne dans les temps ordinaires, ne trouverait aucune application aux mesures instantanées, que les moments de crise peuvent exiger de nous. Ils ont compté pour beaucoup les profits des négocians ou des propriétaires, et la vie des hommes à-peu-près pour rien. Eh pourquoi ! c'étaient des grands, les ministres, les riches qui écrivaient, qui gouvernaient ; si ç'eût été le peuple, il est probable que ce système aurait reçu quelques modifications !

Le bon sens, par exemple, indique cette vérité, que les denrées qui ne tiennent pas aux besoins de la vie, peuvent être abandonnées aux spéculations les plus illimitées du commerçant mais la vie des hommes ne peut être soumise aux mêmes chances. Il n'est pas nécessaire que je puisse acheter de brillantes étoffes ; mais il faut que je sois assez riche pour acheter du pain, pour moi et pour mes enfants. Le négociant peut bien garder, dans ses magasins, les marchandises que le luxe et la vanité convoitent jusqu'à ce qu'il trouve le moment de les vendre au plus haut prix possible ; mais nul homme n'a le droit d'entasser des monceaux de blé, à côté de son semblable qui meurt de faim.

Quel est le premier objet de la société ? C'est de maintenir les droits imprescriptibles de l'homme. Quel est le premier de ces droits ? celui d'exister.

La première loi sociale est donc celle qui garantit à tous les membres de la société les moyens d'exister ; toutes les autres sont subordonnées à celle-là ; la propriété n'a été instituée ou garantie que pour la cimenter ; c'est pour vivre d'abord que l'on a des propriétés. Il n'est pas vrai que la propriété puisse jamais être en opposition avec la subsistance des hommes.

Les aliments nécessaires à l'homme sont aussi sacrés que la vie elle-même. Tout ce qui est indispensable pour la conserver est une propriété commune à la société entière. Il n'y a que l'excédent qui soit une propriété individuelle, et qui soit abandonné à l'industrie des commerçants. Toute spéculation mercantile que je fais aux dépens de la vie de mon semblable n'est point un trafic, c'est un brigandage et un fratricide.

D'après ce principe, quel est le problême à résoudre en matière de législation sur les subsistances ? le voici : assurer à tous les membres de la société la jouissance de la portion des fruits de la terre qui est nécessaire à leur existence ; aux propriétaires ou aux cultivateurs le prix de leur insdutrie, et livrer le superflu à la liberté du commerce.

Je défie le plus scrupuleux défenseur de la propriété de contester ces principes, à moins de déclarer ouvertement qu'il entend par ce mot le droit de dépouiller et d'assassiner ses semblables. Comment donc a-t-on pu prétendre que toute espèce de gêne, ou plutôt que toute règle sur la vente du blé était une atteinte à la propriété, et déguiser ce système barbare sous le nom spécieux de la liberté du commerce ? Les auteurs de ce système ne s'aperçoivent-ils pas qu'ils sont nécessairement en contradiction avec eux-mêmes?

Maximilien de Robespierre

Pourquoi êtes-vous forcés d'approuver la prohibition de l'exportation des grains à l'étranger toutes les fois que l'abondance n'est point assurée dans l'intérieur ? Vous fixez vous-même le prix du pain, fixez- vous celui des épices, ou des brillantes productions de l'Inde? Quelle est la cause de toutes ces exceptions, si ce n'est l'évidence même des principes que je viens de développer ? Que dis-je ? Le gouvernement assujettit quelquefois le commerce même des objets de luxe à des modifications que la same politique avoue ; pourquoi celui qui intéresse la subsistance du peuple en seroit-il nécessairement affranchi ?

Sans doute si tous les hommes étaient justes et vertueux ; si jamais la cupidité n'était tentée de dévorer la substance du peuple ; si dociles à la voix de la raison et de la nature, tous les riches se regardaient comme les économes de la société, ou comme les frères du pauvre, on pourrait ne reconnaître d'autre loi que la liberté la plus illimitée ; mais s'il est vrai que l'avarice peut spéculer sur la misère, et la tyrannie elle-même sur le désespoir du peuple ; s'il est vrai que toutes les passions déclarent la guerre à l'humanité souffrante, pourquoi les lois ne réprimeraient-elle pas ces abus ? Pourquoi n'arrêteraient-elles pas la main homicide du monopoleur, comme celle de l'assassin ordinaire ? pourquoi ne s'occuperaient-elles pas de l'existence du peuple, après s'être si long-tems occupées des jouissances des grands, et de la puissance des despotes ?

Or, quels sont les moyens de réprimer ces abus ? On prétend qu'ils sont impraticables ; je soutiens qu'ils sont aussi simples qu'infaillibles ; on prétend qu'ils offrent un problème insoluble, même au génie ; je soutiens qu'ils ne présentent au moins aucune difficulté au bon sens et à la bonne foi ; je soutiens qu'ils ne blessent ni l'intérêt du commerce, ni les droits de la propriété.

Que la circulation dans toute l'étendue de la république soit protégée ; mais que l'on prenne les précautions nécessaires pour que la circulation ait lieu. C'est précisément du défaut de circulation que je me plains. Car le fléau du peuple, la source de la disette, ce sont les obstacles mis à la circulation, sous le prétexte de la rendre illimitée. La subsistance publique circule-t-elle, lorsque des spéculateurs avides la retiennent entassée dans leurs greniers ? Circule-t-elle, lorsqu'elle est accumulée dans les mains d'un petit nombre de millionaires qui l'enlèvent au commerce, pour la rendre plus précieuse et plus rare ; qui calculent froidement combien de familles doivent périr avant que la denrée ait atteint le temps fixé par leur atroce avarice ? Circule-t-elle, lorsqu'elle ne fait que traverser les contrées qui l'ont produite, aux yeux des citoyens indigents qui éprouvent le supplice de Tantale, pour aller s'engloutir dans le gouffre inconnu de quelque entrepreneur de la disette publique ? Circule-t-elle, lorsqu'à côté des plus abondantes récoltes le citoyen nécessiteux languit, faute de pouvoir donner une pièce d'or, ou un morceau de papier assez précieux pour en obtenir une parcelle ?

La circulation est celle qui met la denrée de première nécessité à la portée de tous les hommes, et qui porte dans les chaumières l'abondance et la vie. Le sang circule-t-il, lorsqu'il est engorgé dans le cerveau ou dans la poitrine ? Il circule, lorsqu'il coule librement dans tous le corps ; les subsistances sont le sang du peuple, et leur libre circulation n'est pas moins nécessaire à la santé du corps social, que celle du sang à la vie du corps humain. Favorisez donc la libre circulation des grains, en empêchant tous les engorgements funestes. Trois causes les favorisent, le secret, la liberté sans frein, et la certitude de l'impunité.

Le secret, lorsque chacun peut cacher la quantité de subsistances publiques dont il prive la société entière ; lorsqu'il peut frauduleusement les faire disparaître et les transporter, soit dans les pays étrangers, soit dans les magasins de l'intérieur... Quel est le bon citoyen qui peut se plaindre d'être obligé d'agir avec loyauté et au grand jour ? A qui les ténèbres sont-elles nécessaires si ce n'est aux accapareurs et aux frippons ? D'ailleurs, ne vous ai-je pas prouvé que la société avait le droit de réclamer la portion qui est nécessaire à la subsistance des citoyens ? Que dis-je ? c'est le plus sacré des devoirs. Comment donc les lois nécessaires pour en assurer l'exercice seraient-elles injustes ?

J'ai dit que les autres causes des opérations désastreuses du monopole, étaient la liberté indéfinie et l'impunité. Quel moyen plus sûr d'encourager la cupidité et de la dégager de toute espèce de frein, que de poser en principe que la loi n'a pas même le droit de la surveiller, de lui imposer les plus légères entraves ? Que la seule règle qui lui soit prescrite c'est le pouvoir de tout oser impunément ? Que dis-je ? Tel est le degré de perfection auquel cette théorie a été portée, qu'il est presqu'établi que les accapareurs sont impeccables ; que les monopoleurs sont les bienfaits de l'humanité ; que, dans les querelles qui s'élèvent entr'eux et le peuple, c'est le peuple qui a toujours tort. Ou bien le crime du monopole est impossible, ou il est réel ; si c'est une chimère, comment est-il arrivé que de tout tems on ait cru à cette chimère ? Pourquoi avons-nous éprouvé ses ravages dès les premiers tems de notre révolution ?

Maximilien de Robespierre

Pourquoi des rapports non-suspects, et des faits incontestables, nous dénoncent-ils ses coupables manoeuvres ? S'il est réel, par quel étrange privilège obtient-il seul le droit d'être protégé ? Quelles bornes les vampires impitoyables qui spéculeraient sur la misère publique, mettraient-ils à leurs attentats, si, à toute espèce de réclamation, on opposait sans cesse des baïonnettes et l'ordre absolu de croire à la pureté et à la bienfaisance de tous les accapareurs ? La liberté indéfinie n'est autre chose que l'excuse, la sauvegarde et la cause de cet abus. Comment pourrait-elle en être le remède ? De quoi se plaint-on ? précisément des maux qu'a produits le système actuel, ou du moins des maux qu'il n'a pas pu prévenir ? et quel remède nous propose-t-on ? Le système actuel. Je vous dénonce les assassins du peuple, et vous répondez : laissez les faire. Dans ce système, tout est contre la société ; tout est en faveur des marchands de grains.

C'est ici, législateurs, que toute votre sagesse et toute votre circonspection son nécessaires. Un tel sujet est toujours délicat à traiter ; il est dangereux de redoubler les alarmes du peuple, et de paraître même autoriser son mécontentement. Il est plus dangereux encore de taire la vérité, et de se dissimuler les principes. Mais, si vous voulez les suivre, tous les inconvéniens disparaissent : les principes seuls peuvent tarir la source du mal.

Je sais bien que quand on examine les circonstances de telle émeute particulière, excitée par la disette réelle ou factice des blés, on reconnaît quelquefois l'influence d'une cause étrangère. L'ambition et l'intrigue ont besoin de susciter des troubles : quelquefois, ce sont ces mêmes hommes qui excitent le peuple, pour trouver le prétexte de l'égorger, et pour rendre la liberté même terrible, aux yeux des hommes faibles et égoïstes. Mais il n'en est pas moins vrai que le peuple est naturellement droit et paisible ; il est toujours guidé par une intention pure ; les malveillants ne peuvent le remuer, s'ils ne lui présentent un motif puissant et légitime à ses yeux. Ils profitent de son mécontentement plus qu'ils ne le font naître ; et quand ils le portent à des démarches inconsidérées, par le prétexte des subsistances, ce n'est que parce qu'il est disposé à recevoir ses impressions, par l'oppression et par la misère. Jamais un peuple heureux ne fut un peuple turbulent. Quiconque connaît les hommes, quiconque connaît surtout le peuple français, sait qu'il n'est pas au pouvoir d'un insensé ou d'un mauvais citoyen, de le soulever sans aucune raison, contre les lois qu'il aime, encore moins contre les mandataires qu'il a choisis, et contre la liberté qu'il a conquise. C'est à ses représentants à lui témoigner la confiance qu'il leur donne lui-même, et de déconcerter la malveillance aristocratique, en soulageant ses besoins, et en calmant ses alarmes.

Les alarmes même des citoyens doivent être respectées. Comment les calmer, si vous restez dans l'inaction ? Les mesures même qu'on propose, ne fussent-elles pas aussi nécessaires que nous le pensons, il suffit qu'il les désire, il suffit qu'elles prouvent à ses yeux votre attachement à ses intérêts, pour vous déterminer à les adopter. J'ai déjà indiqué quelle était la nature et l'esprit de ces lois, je me contenterai ici de demander la priorité pour les projets de décrets qui proposent des précautions contre le monopole, en me réservant de proposer des modifications, si elle est adoptée. J'ai déjà prouvé que ces mesures et les principes sur lesquels elles sont fondées, étaient nécessaires au peuple. Je vais prouver qu'elles sont utiles aux riches et à tous les propriétaires.

Je ne leur ôte aucun profit honnête, aucune propriété légitime ; je ne leur ôte que le droit d'attenter à celle d'autrui ; je ne détruis point le commerce, mais le brigandage du monopoleur ; je ne les condamner qu'à la peine de laisser vivre leur semblables. Or, rien, sans doute, ne peut leur être plus avantageux ; le plus grand service que le législateur puisse rendre aux hommes, c'est de les forcer à être honnêtes gens. Le plus grand intérêt de l'homme n'est pas d'amasser des trésors, et la pus douce propriété n'est point de dévorer la subsistance de cent familles infortunées. Le plaisir de soulager ses semblables, et la gloire de servir sa patrie, valent bien ce déplorable avantage. A quoi peut servir aux spéculateurs les plus avides, la liberté indéfinie de leur odieux trafic ? à être, ou opprimés, ou oppresseurs. Cette dernière destinée, sur-tout, est affreuse. Riches, égoïstes, sachez prévoir et prévenir d'avance les résultats terribles de la lutte de l'orgueil et des passions lâches contre la justice et contre l'humanité. Que l'exemple des nobles et des rois vous instruise. Apprenez à goûter les charmes de l'égalité et les délices de la vertu ; ou du moins contentez-vous des avantages que la fortune vous donne, et laissez au peuple, du pain, du travail et des moeurs.

C'est en vain que les ennemis de la liberté s'agitent pour déchirer le sein de leur patrie ; ils n'arrêteront pas plus le cours de la raison humaine, que celui du soleil ; la lâcheté ne triomphera point du courage ; c'est au génie de l'intrigue à fuir devant le génie de la liberté. Et vous, législateurs, souvenez-vous, que vous n'êtes point les représentans d'une

Maximilien de Robespierre

caste privilégiées, mais ceux du peuple français, n'oubliez pas que la source de l'ordre, c'est la justice ; que le plus sûr garant de la tranquillité publique, c'est le bonheur des citoyens, et que les longues convulsions qui déchirent les Etats ne sont que le combat des préjugés contre les principes, de l'égoïsme contre l'intérêt général ; de l'orgueil et des passions des hommes puissants, contre les droits et contre les besoins des faibles.

Discours contre Brissot & les girondins

Prononcé à la Convention le 10 avril 1793

Une faction puissante conspire avec les tyrans de l'Europe pour nous donner un roi, avec une espèce de constitution aristocratique. Elle espère nous amener à cette transaction honteuse, par la force des armes étrangères, & par les troubles du dedans. Ce système convient au gouvernement anglais, il convient à Pitt, l'âme de toute cette ligue ; il convient à tous les ambitieux ; il plaît à tous les aristocrates bourgeois, qui ont horreur de l'égalité, à qui l'on a fait peur même pour leurs propriétés ; il plaît même aux nobles, trop heureux de trouver dans la représentation aristocratique & dans la cour d'un nouveau roi, les distinctions orgueilleuses qui leur échappaient. La Révolution ne convient qu'au peuple, aux hommes de toutes les conditions qui ont une âme pure & élevée, aux philosophes amis de l'humanité, aux sans-culottes, qui se sont, en France, parés avec fierté de ce titre, dont Lafayette & l'audacieuse cour voulaient les flétrir, comme les républicains de Hollande s'emparèrent de celui de gueux, que le duc d'Albe, leur avait donné.

Le système aristocratique, dont je parle, était celui de Lafayette & de tous ses pareils, connus sous le nom de feuillans, & de modérés ; il a été continué par ceux qui ont succédé à sa puissance. Quelques personnages ont changé, mais le but est semblable ; les moyens sont les mêmes, avec cette différence, que les continuateurs ont augmenté leurs ressources, & accru le nombre de leurs partisans.

Tous les ambitieux qui ont paru jusqu'ici sur le théâtre de la Révolution ont eu cela de commun, qu'ils ont défendu les droits du peuple, aussi long-temps qu'ils ont cru en avoir besoin. Tous l'ont regardé comme un stupide troupeau, destiné à être conduit par le plus habile ou par le plus fort. Tous ont regardé les assemblées représentatives comme des corps composés d'hommes ou cupides, ou crédules, qu'il fallait corrompre ou tromper, pour les faire servir à leurs projets criminels. Tous se sont servis des société populaires contre la cour, & dès le moment où ils eurent fait leur pacte avec elle, ou qu'ils l'eurent remplacée, ils ont travaillé à les détruire. Tous ont successivement combattu pour ou contre les Jacobins, selon les temps & les circonstances.

Comme leurs devanciers, les dominateurs actuels ont caché leur ambition sous le masque de la modération & de l'amour de l'ordre. Comme leurs devanciers, ils ont cherché à décréditer les principes de la liberté.

Pour mieux y réussir, ils ont même cherché à en faire quelquefois de ridicules applications. Ils ont appelé tous les amis de la patrie des agitateurs, des anarchistes, quelquefois même ils en ont suscité de véritables, pour réaliser cette calomnie. Ils se sont montrés habiles dans l'art de couvrir leurs forfaits, en les imputant au peuple. Ils ont, de bonne heure, épouvanté les citoyens du fantôme d'une loi agraire ; ils ont séparé les intérêts des riches de ceux des pauvres ; ils se sont présentés aux premiers comme leurs protecteurs contre les sans-culottes ; ils ont attiré à leur parti tous les ennemis de l'égalité. Maîtres du gouvernement & de toutes les places, dominant dans les tribunaux & les corps administratifs ; dépositaires du trésor public, ils ont employé toute leur puissance à arrêter les progrès de l'esprit public, à réveiller le royalisme, & à ressusciter l'aristocratie ; ils ont opprimé les patriotes énergiques, protégé les modérés hypocrites ; ils ont corrompu successivement les défenseurs du peuple, attaché à leur cause ceux qui montraient quelque talent, & persécuté ceux qu'ils ne pouvaient séduire. Comme la république pouvait-elle subsister, quand toute la puissance publique s'épuisait pour décourager la vertu, & pour récompenser l'incivisme & la perfidie ?

La faction dominante aujourd'hui était formée long-temps avant la Convention nationale. A la fin de juillet dernier, ils négociaient avec la cour, pour obtenir le rappel des ministres qu'ils avaient fait nommer au mois de janvier précédent. L'une des conditions du traité était la nomination d'un gouverneur au prince royal ; il n'est pas nécessaire de dire que le choix devait porter sur l'un d'entr'eux. A la même époque, ils s'opposaient de tout leur pouvoir à la déchéance de Louis, demandée par le peuple & par les fédérés ; ils firent décréter un message & des représentations au roi. Ils n'ont rien négligé pour empêcher la révolution du 10 août ; dès le lendemain, ils travaillèrent efficacement à en arrêter le cours. Le jour même du 10, ils firent tout ce qui était en eux, pour que le ci-devant roi ne fut pas enfermé au Temple ; ils tachèrent de nous rattacher à la royauté, en faisant décréter par l'assemblée législative, qu'il serait nommé un gouverneur au prince. A ces faits, consignés dans les actes publics, & dans l'histoire de notre révolution, vous reconnaissez déjà les Brissot, les Guadet, les Vergniaux, les Gensonné, & d'autres agens hypocrites de la même coalition.

En même-tems, ils n'oublièrent rien pour déshonorer la révolution qui venait d'enfanter la République. Dès le lendemain du 10 Août, ils calomniaient le conseil de la commune, qui, dans la nuit précédente, venait de se dévouer à la liberté, en même-tems qu'ils entravaient toutes ses opérations parleurs intrigues & par les décrets qu'ils dictaient à l'assemblée législative.

Eux seuls recueillirent les fruits de la victoire du peuple ; ils s'en attribuèrent même tout l'honneur. Leur premier soin, après l'acte conservatoire du prince royal & de la royauté, fut de rappeler au ministère leurs créatures, Servan, Clavière & Rolland. Ils s'appliquèrent sur-tout à s'emparer de l'opinion publique ; ils avaient eu soin de faire remettre entre les mains de Rolland des sommes énormes pour la façonner à leur gré. Auteurs ou payeurs des journaux les plus répandus, ils ne cessèrent de tromper la France & l'Europe sur la révolution qui venait de renverser le trône. Ils dénoncèrent chaque jour le peuple de Paris & tous les citoyens généreux qui y avaient le plus puissamment concouru.

Il fallait détruire ce vaste foyer du républicanisme & des lumières publiques ; ils s'accordèrent tous à peindre cette immortelle cité comme le séjour du crime & le théâtre du carnage, & à travestir en assassins ou en brigands les citoyens & les représentans dont ils redoutaient l'énergie. Ils cherchèrent à armer, contre Paris, la défiance & la jalousie des autres partie de la République ; & cependant les Prussiens se préparaient à envahir notre territoire. (C'était l'époque du mois de septembre 1792.) Les dominateurs étaient membres du comité diplomatique, du comité de défense générale ; ils dirigeaient le ministère ; ils avaient eu d'étroités relations avec la cour, & ils laissaient ignorer à la France entière, au corps législatif même, les dangers qui nous menaçaient. Les ennemis s'étaient rendus maîtres de Longwy, de Verdun ; ils s'avançaient vers Paris, & les dominateurs avaient gardé le silence ; ils ne s'occupaient que d'afficher, que d'écrire contre Paris. Notre armée était faible, divisée, mal approvisionnée ; & si Paris e s'était levé tout-à-coup ; i, à son exemple, la France ne s'était pas ébranlée, Brunswick pénétrait, sans ésistance, usqu'au coeur de l'Etat. Mais ce n'est pas tout, la faction voulait livrer Paris & la France ; elle voulait fuir avec l'Assemblée législative, avec le trésor public, avec le conseil exécutif, avec le roi prisonnier & sa famille. Les ministres qu'ils avaient nommés, Rolland, Servan, Clavière, Le Brun, parlaient de ce projet au députés ; il fut proposé dans le conseil, & il était adopté, si le ministre de la justice n'en eût empêcher l'exécution, en menaçant ses collègues de les dénoncer au peuple, & si Paris ne l'eût

Maximilien de Robespierre

fait avorter, ense levant pour écraser les ennemis de la France. Ce projet de fuite est connu des membres de l'Assemblée législative & de plusieurs citoyens ;il a été dénoncé à la Convention nationale, & Rolland lui-même a été forcé de l'avouer dans sa lettre à la Convention nationale du [30 septembre 1792].

La Convention nationale était convoquée. La majorité était pure ; mais un grand nombre de représentans, trompés d'avance par les papiers imposteurs dont la faction disposait, apportèrent à Paris des préventions sinistres, qui devaient causer bien des maux ; & d'ailleurs ce fut toujours le sort des hommes qui ont des lumières sans probité, ou de la probité sans lumières, d'être les complices ou les jouets de l'intrigue.

Le décret qui déclare la royauté abolie, proposé à la fin de la première séance par un des députés de paris calomniés fut rendu avec enthousiasme. Si le lendemain on eût agité l'affaire du tyran, il eût été condamné ; & si la Convention, libre de leur dangereuse influence, s'était ensuite occupée du bonheur public, la liberté & la paix seraient maintenant affermies ; mais les intrigans, qui n'avaient pu s'opposer à la proclamation de la République, s'appliquèrent à l'étouffer dans sa naissance ; en possession des comités les plus importans de l'Assemblée législative, qu'ils firent conserver provisoirement, ils composèrent bientôt les nouveaux à leur gré, ils s'emparèrent du bureau, du fauteuil & même de la tribune. Ils tenaient toujours dans leurs mains le ministère, & le sort de la nation. Ils occupèrent sans cesse la Convention nationale de dénonciations contre la municipalité de Paris, contre la majorité des députés de Paris. Ils inventèrent, ils répétèrent cette ridicule fable de la dictature, qu'ils imputaient à un citoyen sans pouvoir comme sans ambition, pour faire oublier, & l'affreuse oligarchie qu'ils exerçaient eux-mêmes, & le projet de la tyrannie nouvelle qu'ils voulaient ressusciter. Par là ils cherchaient encore à dégoûter le peuple français de la République naissante, à arrêter les progrès de notre révolution dans les contrées voisines, en leur présentant la chute du trône comme l'ouvrage d'une ambition criminelle, & le changement du gouvernement comme un changement de maître.

De là ces éternelles déclamations contre la justice révolutionnaire qui immola les Montmorin, les Lessart, & d'autres conspirateurs, au moment où le peuple & les fédérés s'ébranlaient pour repousser les Prussiens. Dès ce moment, ils ne cessèrent de remplir les âmes des députés de défiance, de jalousie, de haine & de terreurs, & de faire entendre dans le sanctuaire de la liberté, les clameurs des plus vils préjugés, & les rugissements des plus furieuses passions. Dès-lors ils ne cessèrent de souffler le feu de la guerre civile, & dans la Convention même, & dans les départemens, soit par leurs journaux, soit par leurs harangues à la tribune, soit par leur correspondance.

Ils étaient venus à bout de reculer par là, pendant quatre mois, le procès du tyran. Quelles chicanes ! quelles entraves ! quelles manoeuvres employées durant la discussion de cette affaire ! Qui peut calculer sans frémir les moyens employés par Rolland, les sommes prodiguées par le ministère pour dépraver l'esprit public, pour apitoyer le peuple sur le sort du dernier rois ? Avec quelle lâche cruauté les avocats du tyran appelaient des corps armés contre Paris & contre les députés patriotes, dénoncés par eux comme des assassins & comme des traîtres ! Avec quelle insolent mépris des loix, des corps administratifs, dignes de ces députés, les levaient de leur autorité privée aux dépens du trésor public ! avec quelle perfide audace cette même faction protégeait de toutes parts la rentrée des émigrés, & ce rassemblement de tous les assassins & de tous les scélérats de l'Europe à Paris ! Avec quel odieux machiavélisme on emploie tous les moyens de troubler la tranquillité de cette ville & de commencer la guerre civile, sans même dédaigner celui de faire ordonner, par un décret, la représentation d'une pièce aristocratique (l'Ami des loix) qui avait déjà fait couler le sang, & que la sagesse des magistrats du peuple avait interdite !

A quoi à tenu le salut de la patrie & la punition du tyran ? au courage invincible des patriotes, à l'énergie calme du peuple, éclairé sur ses véritables intérêts, & sur-tout à la réunion imprévue des fédérés. S'ils avaient conservé les fatales préventions que leur avaient inspirées ceux qui les appelés, si le bandeau était resté deux jours de plus sur leurs yeux, ç'en était fait de la liberté ; le tyran était absous, les patriotes égorgés, le fer même des défenseurs de la patrie égarés se serait combiné avec celui des assassins royaux ; Paris était en proie à toutes les horreurs, & la Convention nationale, escortée des satellites qu'ils avaient rassemblés, fuyait au milieu de la confusion & de la consternation universelle.

Mais, ô force toute puissante de la vérité & de la vertu ! Ces généreux citoyens ont abjuré leurs erreurs ; ils ont reconnu, avec une sainte indignation, les trames perfides de ceux quii les avaient trompés ; ils les ont voué au mépris public, ils ont serré dans leurs bras les parisiens calomniés ; réunis tous aux Jacobins, ils ont juré, avec le peuple, une

Maximilien de Robespierre

haine éternelle aux tyrans, & un dévouement sans bornes à la liberté. Ils ont cimenté cette sainte alliance sur la place du Carrousel, par des fêtes civiques, où assistèrent tous les magistrats de cette grande cité, avec un peuple généreux que l'enthousiasme du patriotisme élevait au-dessus de lui-même. Quel spectacle ! comme il console des noirceurs, de la perfidie & des cries de l'ambition ! Ce grand événement fit pencher la balance dans la Convention nationale, en faveur des défenseurs de la liberté ; il déconcerta les intrigans & enchaîna les factieux. Lepelletier seul fut la victime de son courage à défendre la cause de la liberté, quoique plusieurs patriotes aient été poursuivis par les assassins. Heureux martyr de la liberté, tu ne verras pas les maux que nos ennemis communs ont préparé à la patrie !

Au reste, quelques efforts qu'ils aient fait pour sauver Louis XVI, je ne crois pas que ce soit lui qu'ils voulussent placer sur le trône ; mais il fallait lui conserver la vie pour sauver l'honneur de la royauté qu'on voulait rétablir, pour remplir un des articles du traité fait avec Londres, & la promesse donnée à Pitt, comme le prouvent les discours de ce ministre du parlement d'Angleterre. Il fallait surtout allumer la guerre civile par l'appel au peuple, afin que les ennemis qui devaient bientôt nous attaquer, nous trouvassent occupés à nous battre pour la querelle du roi détrôné.

La punition éclatante de ce tyran, la seule victoire que les républicains aient remportée à la Convention nationale, n'a fait que reculer le moment où la conspiration devait éclater ; les députés patriotes désunis, isolés, sans politique & sans plan, se sont rendormis dans une fausse sécurité, & les ennemis de la patrie ont continué de veiller pour la perdre.

Déjà ils recueillent les fruits des semences de guerre civile qu'ils ont jetées depuis si long-tems, & la ligue des traîtres de l'intérieur avec les tyrans du dehors se déclare.

On se rappellera ici que ce sont les chefs de cette faction qui, en 1791, prêtèrent à la cour le secours de leur fausse popularité, pour engager la nation dans cette guerre provoquée par la perfidie, déclarée par l'intrigue & conduite par la trahison. Je leur disais, alors, aux Jacobins, où ils venaient prêcher leur funeste croisade, où Dumouriez lui-même coiffé du bonnet rouge, venait étaler tout le charlatanisme dont il est doué : « Avant de déclarer la guerre aux étrangers, détruisez les ennemis du dedans ; punissez les attentats d'une cour parjure, qui cherche elle-même à armer l'Europe contre vous ; changez les états-majors qu'elle a composés de ses complices & de ses satellites ; destituez les généraux perfides qu'elle a nommés & surtout Lafayette déjà souillé tant de fois du sang du peuple. Forcez le gouvernement à armer les défenseurs de la patrie, qui demandent en vain des armes depuis deux ans ; fortifiez & approvisionnez nos places frontières, qui sont dans un dénuement absolu. Faites triompher la liberté au-dedans ; & nul ennemi étranger n'oser vous attaquer ; c'est par les progrès de la philosophie, & par le spectacle du bonheur de la France, que vous étendrez l'empire de notre révolution, & non par la force des armes & par les calamités de la guerre. En vous portant agresseurs, vous irritez les peuples étrangers contre vous ; vous favorisez les vues des despotes & celles de la cour, qui a besoin de faire déclarer la guerre par les représentans de la nation, pour échapper à la défiance & à la colère du peuple.

Les chefs de la faction répondaient par des lieux communs, pour allumer l'enthousiasme des ingnorans ; ils nous montraient l'Europe entière volant au-devant de la constitution française, les armées des despotes se débandant par-tout, pour accourir sous nos drapeaux, & l'étendard tricolore flottant sur les palais des électeurs, des rois, des papes & des empereurs. Ils excusaient la cour ; ils louaient les ministres, sur-tout Narbonne ; ils prétendaient que quiconque cherchait à inspirer de la défiance contre les ministres, contre Lafayette & contre les géné-raux, était un désorganisateur, un factieux, qui compromettait la sûreté de l'Etat.

En dépit de toutes les intrigues, les Jacobins résistèrent constamment à la proposition qu'ils leur firent de prononcer leur opinion en faveur de la guerre ; mais tel était le prix qu'ils attachaient à consacrer les projets de la cour par la sanction des sociétés populaires, que le comité de cor-respondance de cette société, composé de leurs émissaires, osa envoyer, à son insu, une lettre circulaire à toutes les sociétés affiliées, pour leur annoncer que le voeu des Jacobins était pour la guerre ; ils portèrent même l'impudence jusqu'à dire que ceux qui avaient combattu ou em-brassé l'opinion contraire, l'avaient solennellement abjurée. Ce fut par ces manoeuvres que l'on détermina les patriotes même de l'assemblée législative à voter comme le côté droit & comme la cour.

Le prix de cette intrigue fut l'élévation de la faction au ministère, dans la personne de Clavière, Rolland, Servan & Dumouriez.

Nos prédictions ne tardèrent pas à s'accomplir. la première campagne fut marquée par des trahisons & des revers, qui ne furent, pour la cour

& pour Lafayette, que de nouveaux prétextes pour demander des lois de sang contre les plus zélés défenseurs de la patrie, & un pouvoir absolu, qui leur fut accordé sur la motion des chefs de la faction, & particulièrement des Guadet, des Gensonné. Dès ce temps-là, tous ceux qui osaient soupçonner les généraux & la cour, furent dénoncés comme des agitateurs & des factieux. On se rappellera avec quel zèle les mêmes hommes défendaient, divinisaient le ministre Narbonne, avec quelle insolence ils outrageaient l'armée & les patriotes.

Bientôt tous nos généraux nous trahirent à l'envi ; une invasion dans la Belgique ne produisit d'autre effet que de livrer ensuite nos alliés à la vengeance de leur tyran, & d'irriter les étrangers contre nous, par l'infâme attentat du traître Jarri, qui n'a même pas été puni. Nos places fortes étaient dégarnies ; notre armée divisée par les intrigues des états-majors, & presque nulle ; tous les chefs s'efforçaient à l'envi de la royaliser ; la ligue des tyrans étrangers se fortifiait ; l'époque du mois d'août ou de septembre était destinée pour leur invasion combinée avec la conspiration de la cour des Thuileries contre Paris & contre la liberté. C'en était fait de l'une & de l'autre, sans la victoire remportée par le peuple & les fédérés, le 10 août 1792 ; & lorsqu'au commencement du mois de septembre suivant, Brunswick, encouragé sans doute par la faction, osa envahir le territoire français, vous avez vu qu'ils ne songeaient qu'à abandonner & à perdre Paris.

Mais, en dépit de tous les factieux hypocrites qui s'opposaient à cette insurrection nécessaire, Paris se sauva lui-même. Dumouriez était à la tête de l'armée ; auparavant Brissot avait écrit de lui, qu'après Bonne-Carrère, Dumouriez était le plus vil des hommes. Dumouriez avait répondu, par écrit, que Brissot était le plus grand des fripons, sans aucune espèce de réserve. Il avait affiché que la cause du courroux que la faction affectait contre lui, était le refus qu'il avait fait de partager avec elle les six millions qu'elle lui avait fait accorder pour dépenses secrètes, dans le temps de son ministère & de leur amitié. Ils annoncèrent des dénonciations réciproques, qui n'eurent point lieu. C'est encore un problème, à quel point cette brouillerie était sérieuse ; mais ce qui est certain, c'est qu'au moment où il prit le commandement de l'armée de Châlon, il était très-bien avec la faction & avec Brissot, qui le pria d'employer Miranda dans une commission importante, s'il en faut croire ce que Brissot a dit lui-même au Comité de défense générale. J'ignore ce qu'aurait fait Dumouriez, si Paris & les autres départemens ne s'étaient levés au mois de septembre pour écraser les ennemis intérieurs & extérieurs ; mais ce qui est certain, c'est que ce mouvement général de la nation n'était pas favorable au roi de Prusse pour pénétrer au coeur de la France ; Dumouriez l'éconduisit avec beaucoup de politesse, pendant une longue retraite assez paisible, en dépit de nos soldats, dont on enchaînait constamment l'impétuosité, & qui mordaient leur sabre, en frémissant de voir que leur proie leur échappait. L'armée prussienne, ravagée par la maladie & par la disette, a été sauvée ; elle a été ravitaillée, traitée avec une générosité qui contraste avec les cruauté dont nos braves défenseurs ont été les victimes ; Dumouriez a parlementé, a traité avec le roi de Prusse, dans le moment où la France & l'armée s'attendaient à voir la puissance & l'armée de ce despote ensevelies à la fois dans les plaines de la Champagne ou de la Lorraine, où Dumouriez avait annoncé lui-même dans ses lettres à l'Assemblée nationale, que les ennemis ne pouvaient lui échapper. Il se montra aussi complaisant & aussi respectueux pour le roi de Prusse, qu'il fut depuis insolent avec la Convention nationale. Il est au moins douteux s'il a rendu plus de services à la république qu'aux Prussiens & aux émigrés. Au lieu de terminer la guerre & d'affermir la révolution en exterminant cette armée dont nos ennemis n'auraient jamais pu réparer la perte ; au lieu de se joindre aux autres généraux pour pousser nos conquêtes jusqu'au Rhin, il revient à Paris ; &, après avoir vécu quelque temps dans une étroite intimité avec les coriphées de la faction, il part pour la Belgique.

Il débute par un succès brillant, nécessaire pour lui donner la confiance que sa conduite avec les Prussiens était loin de lui avoir assurée ; & quiconque rapprochera de ce qui se passe aujourd'hui, la brusque témérité qui acheta la victoire de Jemmapes par le sacrifice de tant de Français républicains, concevra facilement que ce succès même était plus favorable au despotisme qu'à la liberté. Dumouriez était maître de la Belgique ; si, dès ce moment, il avait aussi-tôt envahi la Hollande, la conquête de ce pays était certaine ; nous étions maître de la flotte hollandaise ; les richesses de ce pays se confondaient avec les nôtres, & sa puissance ajoutée à celle de la France ; le gouvernement anglais était perdu, & la révolution de l'Europe était assurée. On a dit, & je l'ai cru moi-même un instant sur ces ouï-dires, que tel était le projet de Dumouriez ; qu'il avait été arrêté parle Conseil exécutif ; mais il est démontré que ce bruit n'était qu'une nouvelle imposture répandue par la faction. En effet, si, comme on l'a dit, Dumouriez avait conçu ce grand dessein, s'il y attachait sa gloire & sa fortune, pourquoi n'a-t-il pas réclamé l'appui de l'opinion publique contre les oppositions perfides du Conseil exécutif ? Pourquoi n'a-t-il pas invoqué la nation elle-même contre les intrigues qui compromettaient son salut ? Il est bien naturel de penser que ce bruit n'avait été répandu par les ennemis de Dumouriez, que pour lui concilier la confiance. On sait assez que les chefs de cette faction ont l'art de paraître quelquefois divisés pour cacher leur criminelle intelligence. Au surplus, que Dumouriez ait eu part ou non à ce retard funeste qu'a éprouvé l'expédition de la Hollande, il doit du moins être imputé à la malveillance de la majorité du conseil exécutif & des coriphées de la faction qui dominait dans les comités diplomatique & de défense générale. Les députés bataves se sont plaints eux-mêmes hautement dans un mémoire qu'ils ont rendu public, & qui est entre nos mains, de l'opiniâtreté avec laquelle leurs offres & leurs instances ont été repoussées depuis trois mois par le ministre des affaires étrangères. On ne peut nier au moins que Dumouriez & les chefs de la faction ne fussent parfaitement d'accord sur le projet de ravir la Belgique à la France. On connaît les efforts de Dumouriez pour empêcher l'exécution des décrets des 15 & des 25 décembre. On connaît toutes ses perfidies. D'un autre côté, on sait comment le comité diplomatique a repoussé tous les peuples qui voulaient s'incorporer à nous. Rolland disait des députés de la Savoie : « On doit m'envoyer des Savoisiens, pour solliciter la réunion de ce pays ; je les recevrai à cheval. « Comment est-il possible que vous vouliez vous réunir à notre anarchie, disait Brissot, aux Belges & aux Liégeois ; tel était le langage des Guadets, des Gensonné. Ils sont venus à bout de retarder toutes ces réunions jusqu'au moment où le parti ennemi de la révolution eut tout disposé pour les troubler, & que les despotes eurent rassemblé des forces suffisantes contre nous.

Dumouriez & ses partisans portèrent un coup mortel à la fortune publique, en empêchant la circulation des assignats dans la Belgique. Après avoir fatigué cette contrée par ses intrigues, après avoir levé, de son autorité privée, des sommes énormes qu'il chargeait la nation de rembourser, il part enfin pour la Hollande, & s'empare de quelques places dans la Gueldre. Mais, tandis qu'on ne nous parlait que de succès & de prodiges, tout était disposé pour nous enlever en un moment la Belgique. Stengel & Miranda, le premier aristocrate allemand, l'autre aventurier espagnol, chassé du Pérou, ensuite employé par Pitt & donné par l'Angleterre à la France, enfin adopté particulièrement par Dumou-

riez, Brissot, Pétion, nous trahissaient en même-temps à Aix-la-Chapelle & à Maësticht. Une partie de l'armée exposée dans un poste désa-
vantageux, appellée improprement l'avant-garde, puisqu'elle n'avait
rien derrière elle, disséminée sur un si grand espace de terrain, qu'encas
d'attaque, les corps qui la composaient ne pouvaient se rallier ni se sou-
tenir, est livrée à une armée ennemie dont notre général avait l'air de ne
pas soupçonner l'existence ; il avait repoussé tous les avis qu'on lui avait
donnés de son approche ; les corps les plus distingués par leur patriotisme sont spécialement trahis & égorgés par les ennemis ; le reste est
obligé de fuir. En même temps, le siège de Maësticht est entrepris, sans
aucuns moyens, avec des boulets qui n'étaient pas de calibre, dirigé par
une perfidie profonde, pour se défaire de nos plus braves défenseurs
en les exposant sans défense à l'artillerie supérieure de nos ennemis ;
le siège de Maëstricht est levé avec précipitation ; nos conquêtes sont
abandonnées ; les braves Liégeois, nos fidèles alliés, devenus nos frères,
sont remis sous la hache des tyrans, pour expier encore une fois leur
généreux attachement à la cause de la France & de la liberté.

Dumouriez laisse son armée à Gueldre, & se rend dans la Belgique,
pour se mettre à la tête de celle qui a été trahie. Va-t-il se plaindre
d'avoir été lui-même trahi par les généraux ? Va-t-il les dénoncer à la
Convention ? Non : il jette un voile sur la trahison, parler seulement
de quelque imprudence de la part du général de l'avant-garde, montre
la plus grande confiance en l'armée, & promet de la conduire à la victoire. Il donne une bataille, elle est perdue. Cependant le centre & l'aile
droite, suivant lui, ont eu l'avantage ; aile gauche a plié. Or, l'aile gauche
était composée précisément par ce même Miranda, qui avait trahi à
Maëstricht. La suite de ce nouvel échec est la perte de la Belgique. Alors
Dumouriez se découvre tout entier ; il se déclare ouvertement pour les
généraux perfides : il se plaint du décret qui demande à la barre Stengel & Lanoue ; il fait le plus pompeux éloge de ce dernier, convaincu
d'avoir conspiré en faveur du tyran, avant la révolution du mois d'août.
Il veut que la Convention imite le sénat romain, & qu'elle remercie les
traîtres de n'avoir pas désespéré de la patrie ; il menace de l'abandonner, si on contrarie aucune de ses vues. Il loue le civisme & le courage
de Miranda & de tous les autres généraux & officiers, sans distinction.
Il impute tous nos maux à nos soldats ; iloublie que lui-même les avait
attribués à celui qui commandait à Aix-la-Chapelle ; il oublie qu'il avait
lui-même vanté le courage & la conduite de l'armée, & surtout la pa-

tience héroïque avec laquelle elle avait supporté la disette & des fatigues au-dessus des forces humaines, dans tous les tems, & récemment encore au siège de Maëstricht. Il prétend que l'armée n'est qu'un ramas de lâches & de pillards : ce sont ses propres expressions. Il fait plus ; il déclame, avec la même insolence, contre les nouveaux défenseurs qui volent dans la Belgique de toutes les parties de la république pour réparer ces revers : il les appelle des brigands.

Tandis qu'il écrivait tout cela, il abandonnait la Belgique aux despotes ; il leur abandonnait nos immenses provisions qu'il y avait ramassées ; il avait ordonné aux commissaires de compter quatre millions Belges ; mais auparavant, il avait eu soin en partant d'y éteindre, autant qu'il était en lui, toute espèce d'affection pour les principes de notre révolution, & d'y allumer la haine du nom français ; il avait été jusqu'à publier hautement, dans une lettre adressée à la Convention, que la Providence punissait le peuple français de ses injustices : il avait peint Paris comme un théâtre de sang & de carnage ; la France comme le séjour du crime & de l'anarchie ; les députés patriotes de la Convention, comme des fous, ou comme des scélérats. Il avait fait des proclamations qui, sous le prétexte de réprimer certains actes impolitiques, tendaient à réveiller tous les préjugés du fanatisme & de l'aristocratie. Il avait rétabli dans leurs fonctions les administrateurs destitués pour cause d'incivisme, par les commissaires de la Convention nationale ; il avait détruit les sociétés populaires, attachées à notre cause. Il a voulu excuser tous ces forfaits, en disant que l'on avait irrité les Belges par quelques actes de cupidité & d'irreligion. Sans doute c'était le comble de l'étourderie & peut-être de la perfidie, de faire la guerre à des saints d'argent. mais, qui pouvait prévenir ces désordres, si ce n'était un général tout-puissant ? Quant aux commissaires du Conseil exécutif, contre lesquels il a paru sévir, qui les avait nommés, si ce n'est son propre parti ? N'étaient-ils pas l'ouvrage de Rolland & des ministres coalisés avec le généralissime Dumouriez ?

Ni les déclamation, ni les ordres sévères de ce général intrigant contre un Cheppi & contre d'autres créatures de la même faction ne prouveront jamais qu'il n'était point d'intelligence avec eux. Pour exécuter ce projet d'empêcher la réunion de la Belgique à la France, il fallait que la faction employât à-la-fois des agens qui s'appliquassent à mécontenter les Belges, & un général qui profitât de ce mécontentement pour les éloigner à jamais de notre révolution. On parle des désorganisateurs commis pour semer le trouble dans l'armée ; mais quoi de plus facile aux généraux que de les réprimer, que de maintenir une discipline sévère, si tous les généraux perfides n'avaient besoin de ces moyens, pour exécuter & pour pallier leurs trahisons. Lafayette aussi entretenait, autant qu'il était en lui, des désordres dans son armée, pour la calomnier, pour la dissoudre, & pour perdre la liberté ; il n'avait oublié qu'une chose ; c'était de débuter, comme Dumouriez, par un succès.

Enfin Dumouriez a levé l'étendard de la révolte, il menace de marcher vers Paris, pour ensevelir la liberté sous ses ruines ; il déclare qu'il veut protéger les ennemis de la liberté que la Convention renferme dans son sein contre les députés attachés à la cause du peuple, qu'il appelle aussi des anarchistes & des agitateurs ; il ne dissimule pas le projet de rétablir la royauté. Après avoir fait égorger une partie de l'armée, il trompe l'autre, & s'efforce de la débaucher, après l'avoir calomnié à son insu. Fier du succès de ses trahisons, gorgé des trésors qu'il a puisé dans la Hollande, dans la Belgique & dans les caisses nationales dont il s'est emparé ; fort de son alliance avec nos ennemis, à qui il a livré nos magasins ; fort de l'appui des Belges qu'il a armé contre nous, il cherche à jeter le découragement dans la nation ; il s'efforce de déshonorer le peuple français & nos braves défenseurs aux yeux des peuples étrangers ; il nous annonce hautement qu'il ne nous reste aucunes ressources. Dans ses lettres officielles à Beurnonville, il parle avec une joie insolente des troubles qui allaient éclater au milieu de nous ; il en présage de nouveaux ; il nous montre déjà les départemens du Nord, du Pas-de-Calais, de la Somme en état de contre-révolution ; il déclare en propres termes que nous ne pourrons tenir tête à nos ennemis étrangers, parce que nous serons obligés d'employer nos forces à réprimer ceux du dedans. Il nous montre en même temps toutes nos places sans défenses ; & il ose nous déclarer que nous n'avons d'autre parti à prendre que de demander la paix, & de transiger avec les despotes ; que dis-je ? Il ose se montrer lui-même comme médiateur.

Tel était le coupable secret de la conspiration tramée depuis longtemps contre notre liberté. Le chef de la faction l'a dévoilé au moment où il croyait pouvoir l'exécuter avec succès. En effet, tout semblait diposer pour la favoriser. Un ministre de la guerre audacieux & hypocrite avait été nommé tout exprès par la faction, pour les grands événemens qui devaient arriver. En peu de tems il avait purgé les bureaux de la guerre, les garnisons & l'armée de tous les agens & de tous les chefs patriotes ; il les avait remplacés par des hommes plus que suspects ; il avait laissé nos places fortes sans garnisons & sans munitions. On se rappelle avec quelle hardiesse il trompait la Convention nationale sur l'état de nos affaires dans la Belgique, au moment où les trahisons des généraux les avaient déjà perdues ; & comment les fausses nouvelles qu'il débitait furent démenties par les commissaires de l'Assemblée. Les autres généraux étaient entrés dans ce vaste plan de conspirations ; & pour mieux en assurer le succès, le ministre avait mis le comble à ses attentats, en faisant suspendre la fabrication des armes dans toutes nos manufactures. Dans le même temps on excitait des troubles dans une grande partie de la France, & sur-tout dans nos départemens maritimes. Les aristocrates révoltés avaient levé de grandes armées bien approvisionnées ; il avaient saccagé des villes, égorgé une multitude de patriotes ; & personne n'avait songé à réprimer cette conspiration tramée depuis quatre mois ; & ni le ministre, ni le Comité de défense générale, composé en grande partie de la faction que je dénonce, n'en avait donné avis à l'Assemblée ni à la nation. Enfin le ministre de la guerre nomme un général pour commander les patriotes, & ce général (Marcé) est un traître qui livre notre artillerie aux révoltés, & qui mène les défenseurs de la liberté à la boucherie. Par-tout il nomme des officiers également perfides, des Witencok, des Hermigies, des Ligonier. Il montre sur-tout dans ses choix une prédilection singulière pour les étrangers, pour les sujets des despotes, nos ennemis, & quelquefois même pour les parens de nos tyrans. Grâce à ces criminelles machinations, les troubles se prolongent, & la victoire coûte beaucoup de sang aux républicains ; on vient nous dire que le calme pourra être rétabli dans six semaine, ou deux mois. Deux mois de guerre civile & de massacres des plus zélés patriotes, quand l'infâme Dumouriez conspirait contre nous dans la Belgique, avec les despotes de l'Europe & tous les ennemis de l'intérieur ! Dumouriez, qui nous annonçait avec une insolente satisfaction que, dès le moment où l'équinoxe serait passé, nos départemens maritimes seraient envahis par les Anglais. Encouragés par tant d'attentats, les royalistes relevaient par-tout une tête audacieuse, & osaient menacer les amis de la liberté.

Hé ! pourquoi non ! ne pouvaient-ils pas compter sur l'ascendant que la faction exerçait au sein de la Convention nationale ? N'était-ce pas elle qui depuis long-tems dépravait l'esprit public, dans les départemens révoltés ? & les massacres de la Bretagne, & le fanatisme royal & religieux qui égarait les habitans des campagnes, n'étaient-ils pas les dignes fruits des écrits empoisonnés qu'elle avait semés sur la surface de cette importante contrée, de la correspondance perfide des députés qui suivaient sa bannière ; enfin, des persécutions suscitées à tous es vrais républicains ? N'était-ce pas elle qui, chaque jour, cherchait à dégoûter le peuple de la révolution, en aggravant sa misère ; qui repoussait toutes les mesures nécessaires pour réprimer la fureur de l'agiotage, pour assurer la subsistance publique, pour mettre un frein à l'excès des accaparemens ? N'était-ce pas elle qui fesait, défesait les ministres, protégeait tous leurs crimes, & multipliait les conspirateurs par l'impunité ? N'était-ce pas elle qui, à la place des loix bienfaisantes que sollicitaient les besoins pressans de la patrie, ne nous donnait que des déclamations, des libelles & des crimes.

Mais son audace redoublait sur-tout au moment où la conspiration était près d'éclater. Avec quelle perfidie ils désorganisaient tout, en criant aux désorganisateurs ! Avec quelle lâche cruauté ils cherchaient à exciter dans Paris quelques petits mouvements aristocratiques, pour préparer au traître Dumouriez le prétexte de marcher contre cette cité, & à les imputer ensuite aux patriotes dont le zèle les avait constamment écartés ! Voyez quel affreux parti ils ont voulu tirer d'un attroupement excité par eux, qui s'était porté chez quelques épiciers ! Voyez comme l'exécrable Dumouriez, dans sa lettre du 12 mars à la Convention, travestissait la vente illégale & forcée des marchandises de quelques marchands & de quelques accapareurs, en scènes de sang & de carnage, & comme il en conclut qu'il doit faire la guerre à Paris & aux patriotes.

Ils avaient dénoncé les députés patriotes qui avaient pressé la condamnation du tyran, comme des agitateurs, & il déclare qu'il veut employer la moitié de son armée à les subjuguer. Ils avaient déclamé contre les tribunes, c'est-à-dire contre la portion du peuple, qui pouvait assister aux séances de l'assemblée représentative ; ils avaient protesté solennellement qu'ils n'étaient pas libres, lorsque le tyran avait été condamné ; & il menace les tribunes, & il promet d'aller bientôt affranchir de leur influence la faction qui avait voulu sauver le tyran, qu'il appelle la saine partie de la Convention nationale. Il proclame leurs principes ; il consacre leurs calomnies ; il déclare la guerre à leurs adversaires ; il rédige, en forme de manifeste contre la république, les journaux des chroniqueurs, des Brissot, des Gorsas, des Rabaud, des Gensonné, Vergniaux & Guadte, &c. Comme eux, il veut être, dit-il, le restaurateur de l'ordre public, le fléau de l'anarchie, le libérateur de son pays ; enfin, il déclare hautement qu'il veut redonner un roi à la France. Quel était le

Maximilien de Robespierre

roi qu'il voulait nous donner ? Peu importe sans doute aux républicains qui les détestent tous également. Mais c'était apparemment quelque rejetton de la famille de nos tyrans. Or, parmi les généraux de l'armée de la Belgique, je vois Valence, l'ami de Dumouriez ; Valence, le gendre de Sillery, le confident intime du ci-devant duc d'orléans ; Sillery, ci-devant comte de Genlis ; ce seul nom dit tout. Je vois le ci-devant duc de Chartres promu au commandement des armées dans un âge où les citoyens sont à peine dignes d'être soldats. Je vois, dans le camp de Dumouriez, la soeur de ce général avec la ci-devant comtesse de Genlis, la plus intrigante des femmes de l'ancienne cour, malgré ses livres sur l'éducation ; je vois le victorieux Dumouriez aux pieds de la soeur, & dans une attitude respectueuse en présence du frère.

Je vois ensuite le fils de d'Orléans écrire comme Dumouriez ; je le vois fuir précipitamment avec Dumouriez, avec Valence, & je n'ai pas besoin d'en savoir davantage pour connaître la faction toute entière. Je devine la perfidie profonde des conspirateurs qui, pour couvrir leurs complots d'un voile impénétrable, avaient feint de vouloir expulser les individus de la ci-devant famille royale, dans un temps où la France entière ne voyait aucun motif à cette proposition imprévue ; dans un temps où des patriotes de bonne foi croyaient défendre, en les repoussant, les principes & l'intégrité de la représentation nationale. Je conçois pourquoi ils demandaient l'expulsion des Bourbons en général, pour éloigner la condamnation de la royauté dans la personne de Louis XVI, & pourquoi, depuis la punition du tyran, ils ont oublié & même rejeté cette mesure, dans le moment où l'aristocratie levait l'étendard de la révolte, pour rétablir la royauté.

Les amis & les complices de Dumouriez, membres du Comité de défense générale, connaissaient sans doute ces secrets mieux que personne ; mais ils comptaient sur le succès de sa criminelle entreprise ; aussi, nous les avons vu d'abord excuser la lettre insolente du 12 mars à la Convention, sous le prétexte que ce général devait être irrité par les dénonciations faites contre lui dans les sociétés populaires. Nous les avons vus cherchant à écarter les accusations qu'ils redoutaient, en se hâtant de répéter leurs déclamations ordinaires contre les députés patriotes, contre les Jacobins, &c. &c. Là nous avons entendu Vergniaux prétendre que les opinions politiques de Dumouriez étaient indifférentes, & qu'il était intéressé à la cause de la révolution. Là nous avons vu Gensonné s'indigner de ce que l'on donnait à Dumouriez les qualifications qu'il méritait, & vanter impudemment son civisme, ses services & son génie. Il est prouvé que Gensonné entretenait une correspondance habituelle avec Dumouriez, courrier par courrier. & Gensonné voulait se charger vis-à-vis des membres de la Convention présens au comité, du rôle de médiateur auprès de son correspondant & de son ami Dumouriez. Là nous avons vu Pétion embrasser avec chaleur la défense de Miranda ; & après que j'eus dénoncé ce général, & Steigen & Lanoue, se lever en courroux, en s'écriant que l'on dénonçait toujours sans preuves ; & le siège de Maëstricht était levé, & l'armée trahie à Aix-la-Chapelle, & la Belgique livrée à nos ennemis ; & c'était le moment où on délibérait sur la révolte déclarée de Dumouriez !

Là nous avons vu le même jour Brissot, pour toutes mesures de salut public, déclarer que la Convention nationale avait perdu la confiance publique ; que son unique devoir était de faire bien vite la constitution & de partir. Je l'ai entendu proposer de s'arranger dans le comité de défense générale, sur les divers articles de la constitution qui pouvaient partager les avis, & de les faire ensuite adopter d'emblée par la Convention, pour éviter, disait-il, des débats scandaleux. Là nous avons vu les chefs de la faction refuser ensuite de discuter la conduite de Dumouriez, pour proposer un rapprochement entre ses amis & ses adversaires ; & sous le prétexte de s'expliquer, de renouveler toutes les calomnies dont ils avaient tant de fois souillé la tribune & les papiers publics. Nous avons entendu les ministres apporter à ce comité des nouvelles & des projets illusoires concertés d'avance avec eux ; nous avons vu le ministre de la guerre déclamer contre l'insubordination des soldats, sans vouloir convenir de la perfidie des généraux, citer pour preuve de leur républicanisme la fameuse blessure de Valence ; nous l'avons entendu faire l'éloge du système défensif ; nous garantir la neutralité de la Savoie & du comté de Nice, comme si ces deux départemens français étaient pour nous des contrées étrangères. Nous l'avons entendu préparer une trahison ultérieure, & nous annoncer d'avance la retraite de Custine. Nous l'avons entendu répéter tous les lieux communs de Dumouriez sur l'éloignement des Belges pour la révolution française, & le comité approuvé beaucoup toutes ces vues. Nous avons entendu surtout Brissot, à ce propos-là même, déclarer que nous étions trop heureux que l'esprit public des Belges ne fût pas plus français, par la raison, qu'en renonçant à la Belgique, nous pourrions, avec plus de facilité, obtenir la paix des puissances ennemies. Brissot fut toujours le plus hardi des conspirateurs à jetter en avant les idées de transaction ouvertement proposées par Dumouriez. Dans la discussions de l'affaire de Louis XVI, il osa demander qu'il fût sursis à l'exécution du décret qui le condamnait, jusqu'à ce que l'opinion des puissances étrangères sur ce jugement nous fût manifestée. C'est lui qui nous avait menacé de la colère des rois de l'Europe, si nous osions prononcer la peine de mort contre le tyran. Brissot ! Combien de faits n'aurais-je pas à rappeler sur lui & sur la faction dont il est le chef !

Enfin, nous avons vu le Comité de défense générale s'appliquer constamment à retarder toute mesure nécessaire au salut public, pour donner le tems à Dumouriez d'exécuter sans obstacle ses détestables projets. Ensuite on le recomposa de 25 membres qui lui appartenaient tous, excepté cinq à six patriotes qu'il y avait introduits par une sorte de transaction, pour endormir les amis de la liberté, & faire servir des noms qui inspiraient la confiance à couvrir leurs perfidies. Aussi Dumouriez écrivait-il que ce comité était bien composé, à l'exception de 7 à 8 membres. Indigné de tant de perfidies, & reconnaissant le motif qui avait engagé les intrigans à me choisir, je déclarai hautement à la Convention nationale, que ce comité n'était que le conseil de Dumouriez, & que, ne pouvant lutter contre la majorité, je donnais publiquement ma démission. Nous avons vu avec douleur, qu'égarée par la même influence, la Convention avait envoyé à Dumouriez cinq commissaires dont l'arrestation était concertée d'avance, & sur-tout ce Beurnonville qui fut arrêté par son complice ? Que dirons-nous de la comédie grossière de cet aide-de-camp qui vint deux jours après raconter à la barre de l'assemblée nationale, qu'il avait reçu un coup de sabre d'un satellite de Dumouriez & de cette pasquinade plus grossière encore de Dumouriez qui se plaignait de ce que son confident, Beurnonville, était venu pour l'assassiner au milieu de son armée, & qui ensuite disait hautement qu'il répondait de lui, parce qu'il était son ami ?

Qu'avons-nous vu depuis ce temps jusqu'au moment où je parle ? aucune mesure décisive pour le salut de la patrie ; parce que l'influence de la faction les a toutes dirigées. Quelques individus ont été mis en état d'arrestation ; le scellé a été apposé sur leurs papiers : mais après qu'ils ont été bien & dument avertis, & que plusieurs d'entr'eux, tels que Sylleri & d'Orléans, ont eux-mêmes invoqué cette formalité. Bonne-Carrère, Laclos, Sauvin, & d'autres également suspects, ont été relâchés aussitôt qu'arrêtés. On a mis en otage tous les Bourbons ; mais il fallait remettre les prévenus entre les mains de la justice. Les constituer en otages & les envoyer aux extrémités de la République, qu'était-ce autre chose que les soustraire à l'empire de la loi & à l'autorité du tribunal révolutionnaire, que les conspirateurs redoutent. Qu'était-ce autre chose que les réserver, en quelque sorte, comme des objets d'échange avec nos commissaires arrêtés par la connivence de Dumouriez, avec les chefs de la faction, & comme des moyens de transition avec les tyrans ?

Je demande que les individus de la famille d'Orléans dite Égalité, soient traduits devant le tribunal révolutionnaire, ainsi que Sylleri, sa femme, Valence, & tous les hommes spécialement attachés à cette maison ; que ce tribunal soit également chargé d'instruire le procès de tous les autres complices de Dumouriez. Oserai-je nommer ici des patriotes tels que Brissot, Vergniaux, Gensonné, Guadet ? — Je renouvelle en ce moment la même proposition que j'ai déjà faite à l'égard de Marie-Antoinette d'Autriche. Je demande que la Convention nationale s'occupe ensuite, sans relâche, des moyens tant de fois annoncés de sauver la patrie, & de soulager la misère du peuple.

Maximilien de Robespierre

Discours du 8 thermidor, an II

Prononcé à la Convention

Citoyens,

Que d'autres vous tracent des tableaux flatteurs; je viens vous dire des vérités utiles. Je ne viens point réaliser des terreurs ridicules répandues par la perfidie; mais je veux étouffer, s'il est possible, les flambeaux de la discorde par la seule force de la vérité. Je vais dévoiler des abus qui tendent à la ruine de la patrie et que votre probité seule peut réprimer). Je vais défendre devant vous votre autorité outragée et la liberté violée. Si je vous dis aussi quelque chose des persécutions dont je suis l'objet, vous ne m'en ferez point un crime; vous n'avez rien de commun avec les tyrans que vous combattez. Les cris de l'innocence outragée n'importunent point votre oreille, et vous n'ignorez pas que cette cause ne vous est point étrangère.

Les révolutions qui, jusqu'à nous, ont changé la face des empires, n'ont eu pour objet qu'un changement de dynastie, ou le passage du pouvoir d'un seul à celui de plusieurs. La révolution française est la première qui ait été fondée sur la théorie des droits de l'humanité, et sur les principes de la justice. Les autres révolutions n'exigeaient que de l'ambition: la nôtre impose des vertus. L'ignorance et la force les ont absorbées dans un despotisme nouveau: la nôtre, émanée de la justice, ne peut se reposer que dans son sein. La République, amenée insensiblement par la force des choses et par la lutte des amis de la liberté contre les conspirations toujours renaissantes, s'est glissée, pour ainsi dire, à travers toutes les factions; mais elle a trouvé leur puissance organisée autour d'elle, et tous les moyens d'influence dans leurs mains; aussi n'a-t-elle cessé d'être persécutée dès sa naissance, dans la personne de tous les hommes de bonne foi qui combattaient pour elle; c'est que, pour conserver l'avantage de leur position, les chefs des factions et leurs agents ont été forcés de se cacher sous la forme de la République. Précy à Lyon, et Brissot à Paris, criaient Vive la République! Tous les conjurés ont même adopté, arec plus d'empressement qu'aucun autre, toutes les formules, tous les mots de ralliement du patriotisme. L'Autrichien, dont le métier était de combattre la révolution; l'Orléanais, dont le rôle était de jouer le patriotisme, se trouvèrent sur la même ligne; et l'un et l'autre ne pouvaient plus être distingués du républicain. Ils ne combattirent pas nos principes, ils les corrompirent; ils ne blasphémèrent point contre la révolution, ils tâchèrent de la déshonorer, sous le prétexte de la servir; ils déclamèrent contre les tyrans, et conspirèrent pour la tyrannie; ils louèrent la République, et calomnièrent les républicains. Les amis de la liberté cherchent à renverser la puissance des tyrans par la force de la vérité: les tyrans cherchent à détruire les défenseurs de la liberté par la calomnie; ils donnent le nom de tyrannie à l'ascendant même des principes de la vérité. Quand ce système a pu prévaloir, la liberté est perdue; il n'y a de légitime que la perfidie, et de criminel que la vertu; car il est dans la nature même des choses qu'il existe une influence partout où il y a des hommes rassemblés, celle de la tyrannie ou celle de la raison. Lorsque celle-ci est proscrite comme un crime, la tyrannie règne; quand les bons citoyens sont condamnés au silence, il faut bien que les scélérats dominent.

Ici j'ai besoin d'épancher mon coeur; vous avez besoin aussi d'entendre la vérité. Ne croyez pas que je vienne ici intenter aucune accusation; un soin plus pressant m'occupe, et je ne me charge pas des devoirs d'autrui: il est tant de dangers imminents, que cet objet n'a plus qu'une importance secondaire. Je viens, s'il est possible, dissiper de cruelles erreurs; je viens étouffer les horribles ferments de discorde dont on veut embraser ce temple de la liberté et la République entière; je viens dévoiler des abus qui tendent à la ruine de la patrie, et que votre probité seule peut réprimer. Si je vous dis aussi quelque chose des persécutions dont je suis l'objet, vous ne m'en ferez point un crime; vous n'avez rien de commun avec les tyrans qui me poursuivent; les cris de l'innocence opprimée ne sont point étrangers à vos coeurs; vous ne méprisez point la justice et l'humanité, et vous n'ignorez pas que ces trames ne sont point étrangères à votre cause et à celle de la patrie.

Eh! quel est donc le fondement de cet odieux système de terreur et de calomnies? A qui devons-nous être redoutables, ou des ennemis ou des amis de la République? Est-ce aux tyrans et aux fripons qu'il appartient de nous craindre, ou bien aux gens de bien et aux patriotes? Nous, redoutables aux patriotes! nous qui les avons arrachés des mains de toutes les factions conjurées contre eux! nous qui tous les jours les disputons, pour ainsi dire, aux intrigants hypocrites qui osent les opprimer encore! nous qui poursuivons les scélérats qui cherchent à prolonger

Maximilien de Robespierre

leurs malheurs en nous trompant par d'inextricables impostures! Nous, redoutables à la Convention nationale! Et que sommes-nous sans elle? et qui a défendu la Convention nationale au péril de sa vie? qui s'est dévoué pour sa conservation, quand des factions exécrables conspiraient sa ruine à la face de la France? qui s'est dévoué pour sa gloire, quand les vils suppôts de la tyrannie prêchaient en son nom l'athéisme et l'immoralité; quand tant d'autres gardaient un silence criminel sur les forfaits de leurs complices, et semblaient attendre le signal du carnage pour se baigner dans le sang des représentants du peuple; quand la vertu même se taisait, épouvantée de l'horrible ascendant qu'avait pris le crime audacieux? Et à qui étaient destinés les premiers coups des conjurés? contre qui Simon conspirait-il au Luxembourg? Quelles étaient les victimes désignées par Chaumette et par Ronsin? Dans quels lieux la bande des assassins devait-elle marcher d'abord en ouvrant les prisons? Quels sont les objets des calomnies et des attentats des tyrans armés contre la République? N'y a-t-il aucun poignard pour nous dans les cargaisons que l'Angleterre envoie à ses complices en France et à Paris? C'est nous qu'on assassine, et c'est nous que l'on peint redoutables! Et quels sont donc ces grands actes de sévérité que l'on nous reproche? quelles ont été les victimes? Hébert, Ronsin, Chabot, Danton, Lacroix, Fabre d'Églantine, et quelques autres complices. Est-ce leur punition qu'on nous reproche? aucun n'oserait les défendre. Mais si nous n'avons fait que dénoncer des monstres dont la mort a sauvé la Convention nationale et la République, qui peut craindre nos principes, qui peut nous accuser d'avance d'injustice et de tyrannie, si ce n'est ceux qui leur ressemblent? Non, nous n'avons pas été trop sévères; j'en atteste la République qui respire; j'en atteste la représentation nationale, environnée du respect dû à la représentation d'un grand peuple; j'en atteste les patriotes qui gémissent encore dans les cachots que les scélérats leur ont ouverts; j'en atteste les nouveaux crimes des ennemis de notre liberté, et la coupable persévérance des tyrans ligués contre nous. On parle de notre rigueur, et la patrie nous reproche notre faiblesse.

Est-ce nous qui avons plongé dans les cachots les patriotes, et porté la terreur dans toutes les conditions? Ce sont les monstres que nous avons accusés. Est-ce nous qui, oubliant les crimes de l'aristocratie, et protégeant les traîtres, avons déclaré la guerre aux citoyens paisibles, érigé en crimes ou des préjugés incurables, ou des choses indifférentes, pour trouver partout des coupables et rendre la révolution redoutable au Peuple même? Ce sont les monstres, que nous avons accusés. Est-ce nous qui, recherchant des opinions anciennes, fruit de l'obsession des traîtres, avons promené le glaive sur la plus grande partie de la Convention nationale, demandions dans les sociétés populaires la tête de six cents représentants du Peuple? Ce sont les monstres que nous avons accusés. Aurait-on déjà oublié que nous nous sommes jetés entre eux et leurs perfides adversaires, dans un temps où on... [lacune dans le manuscrit]?

Vous connaissez la marche de vos ennemis. Ils ont attaqué la Convention nationale en masse; ce projet a échoué. Ils ont attaqué le comité de salut public; ce projet a échoué. Depuis quelque temps, ils déclarèrent la guerre à certains membres du comité de salut public; ils semblent ne prétendre qu'à accabler un seul homme; ils marchent toujours au même but. Que les tyrans de l'Europe osent proscrire un représentant du Peuple français, c'est sans doute l'excès de l'insolence: mais que des Français qui se disent républicains travaillent à exécuter l'arrêt de mort prononcé par les tyrans, c'est l'excès du scandale et de l'opprobre. Est-il vrai que l'on ait colporté des listes odieuses où l'on désignait pour victimes un certain nombre de membres de la Convention, et qu'on prétendait être l'ouvrage du comité de salut public et ensuite le mien? Est-il vrai qu'on ait osé supposer des séances du comité, des arrêtés rigoureux qui n'ont jamais existé, des arrestations non moins chimériques? Est-il vrai qu'on ait cherché à persuader à un certain nombre de représentants irréprochables que leur perte était résolue; à tous ceux qui, par quelque erreur, avaient payé un tribut inévitable à la fatalité des circonstances et à la faiblesse humaine, qu'ils étaient voués au sort des conjurés? Est-il vrai que l'imposture ait été répandue avec tant d'art et d'audace, qu'un grand nombre de membres n'osaient plus habiter la nuit leur domicile? Oui, les faits sont constants, et les preuves de ces deux manoeuvres sont au Comité de salut public. Vous pourriez nous en révéler beaucoup d'autres, vous, députés revenus d'une mission dans les départements; vous, suppléants appelés aux fonctions de représentants du Peuple, vous pourriez nous dire ce que l'intrigue a fait pour vous tromper, pour vous aigrir, pour vous entraîner dans une coalition funeste. Que disait-on, que faisait-on dans ces coteries suspectes, dans ces rassemblements nocturnes, dans ces repas où la perfidie distribuait aux convives les poisons de la haine et de la calomnie? Que voulaient-ils, les auteurs de ces machinations? était-ce le salut de la patrie, la di-

Maximilien de Robespierre

gnité et l'union de la Convention nationale? Qui étaient-ils? Quels faits justifient l'horrible idée qu'on a voulu donner de nous? quels hommes avaient été accusés par les comités, si ce n'est les Chaumetle, les Hébert, les Danton, les Chabot, les Lacroix? est-ce donc la mémoire des conjurés qu'on veut défendre? Est-ce la mort des conjurés qu'on veut venger? Si on nous accuse d'avoir dénoncé quelques traîtres, qu'on accuse donc la Convention qui les a accusés; qu'on accuse la justice qui les a frappés; qu'on accuse le peuple qui a applaudi à leur châtiment. Quel est celui qui attente à la représentation nationale, de celui qui poursuit ses ennemis, ou de celui qui les protège? Et depuis quand la punition du crime épouvante-t-elle la vertu?

Telle est cependant la base de ces projets de dictature et d'attentats contre la représentation nationale imputés d'abord au comité de salut public en général. Par quelle fatalité cette grande accusation a-t-elle été transportée tout à coup sur la tête d'un seul de ses membres? Etrange projet d'un homme, d'engager la Convention nationale à s'égorger elle-même en détail de ses propres mains, pour lui frayer le chemin du pouvoir absolu! Que d'autres aperçoivent le côté ridicule de ces inculpations; c'est à moi de n'en voir que l'atrocité. Vous rendrez au moins [mot manquant dans le manuscrit: compte] à l'opinion publique, de votre affreuse persévérance à poursuivre le projet d'égorger tous les amis de la patrie, monstres qui cherchez à me ravir l'estime de la Convention nationale, le prix le plus glorieux des travaux d'un mortel, que je n'ai ni usurpé et surpris, mais que j'ai été forcé de conquérir. Paraître un objet de terreur aux yeux de ce qu'on révère et de ce qu'on aime, c'est pour un homme sensible et probe le plus affreux des supplices; le lui faire subir, c'est le plus grand des forfaits. Mais j'appelle toute votre indignation sur les manoeuvres atroces employées pour étayer ces extravagantes calomnies.

Partout, les actes d'oppression avaient été multipliés pour étendre le système de terreur et de calomnie. Des agents impurs prodiguaient les arrestations injustes: des projets de finances destructeurs menaçaient toutes les fortunes modiques, et portaient le désespoir dans une multitude innombrable de familles attachées à la révolution; on épouvantait les nobles et les prêtres par des motions concertées; les paiements des créanciers de l'Etat et des fonctionnaires publics étaient suspendus; on surprenait au comité de salut public un arrêté qui renouvelait les poursuites contre les membres de la commune du 10 août, sous le prétexte d'une reddition des comptes. Au sein de la Convention, on prétendait que la Montagne était menacée, parce que quelques membres siégeant en cette partie de la salle se croyaient en danger; et pour intéresser à la même cause la Convention nationale tout entière, on réveillait subitement l'affaire de cent soixante-treize députés détenus, et on m'imputait tous ces événements qui m'étaient absolument étrangers; on disait que je voulais immoler la Montagne; on disait que je voulais perdre l'autre portion de la Convention nationale; on me peignait ici comme le persécuteur des soixante-deux députés détenus. Là, on m'accusait de les défendre; on disait que je soutenais le Marais (c'était l'expression de mes calomniateurs). Il est à remarquer que le plus puissant argument qu'ait employé la faction hébertiste pour prouver que j'étais modéré, était l'opposition que j'avais apportée à la proscription d'une grande partie de la Convention nationale, et particulièrement mon opinion sur la proposition de décréter d'accusation les soixante-deux détenus, sans un rapport préalable.

Ah! certes, lorsqu'au risque de blesser l'opinion publique, ne consultant que les intérêts sacrés de la patrie, j'arrachais seul à une décision précipitée ceux dont les opinions m'auraient conduit à l'échafaud, si elles avaient triomphé; quand, dans d'autres occasions, je m'exposais à toutes les fureurs d'une faction hypocrite, pour réclamer les principes de la stricte équité envers ceux qui m'avaient jugé avec plus de précipitation, j'étais loin, sans doute, de penser que l'on dût me tenir compte d'une pareille conduite; j'aurais trop mal présumé d'un pays où elle aurait été remarquée, et où l'on aurait donné des noms pompeux aux devoirs les plus indispensables de la probité; mais j'étais encore plus loin de penser qu'un jour on m'accuserait d'être le bourreau de ceux envers qui je les ai remplis, et l'ennemi de la représentation nationale que j'avais servie avec dévouement; je m'attendais bien moins encore qu'on m'accuserait à la fois de vouloir la défendre et de vouloir l'égorger. Quoi qu'il en soit, rien ne pourra jamais changer ni mes sentiments ni mes principes. A l'égard des députés détenus, je déclare que, loin d'avoir eu aucune part au dernier décret qui les concerne, je l'ai trouvé au moins très extraordinaire dans les circonstances; que je ne me suis occupé d'eux en aucune manière depuis le moment où j'ai fait envers eux tout ce que ma conscience m'a dicté. A l'égard des autres, je me suis expliqué sur quelques-uns avec franchise; j'ai cru remplir mon devoir. Le reste est un tissu d'impostures atroces. Quant à la Convention nationale, mon premier devoir, comme mon premier penchant, est un respect sans bornes pour elle. Sans vouloir absoudre le crime; sans vouloir justifier en elles-mêmes les erreurs funestes de plusieurs; sans vouloir ternir la gloire des défenseurs énergiques de la liberté, ni affaiblir l'illusion d'un nom sacré dans les annales de la révolution, je dis que tous les représentants du peuple, dont le coeur est pur, doivent reprendre la confiance et la dignité qui leur convient. Je ne connais que deux partis, celui des bons et des mauvais citoyens; que le patriotisme n'est point une affaire de parti, mais une affaire de coeur; qu'il ne consiste ni dans l'insolence, ni dans une fougue passagère qui ne respecte ni les principes, ni le bon sens, ni la morale, encore moins dans le dévouement aux intérêts d'une faction. Le coeur flétri par l'expérience de tant de trahisons, je crois à la nécessité d'appeler surtout la probité et tous les sentiments généreux au secours de la République. Je sens que partout où on rencontre un homme de bien, en quelque lieu qu'il soit assis, il faut lui tendre la main, et le serrer contre son coeur. Je crois à des circonstances fatales dans la révolution, qui n'ont rien de commun avec les desseins criminels; je crois à la détestable influence de l'intrigue, et surtout à la puissance sinistre de la calomnie. Je vois le monde peuplé de dupes et de fripons; mais le nombre des fripons est le plus petit: ce sont eux qu'il faut punir des crimes et des malheurs du monde. Je n'imputerai donc point les forfaits de Brissot et de la Gironde aux hommes de bonne foi qu'ils ont trompés quelquefois; je n'imputerai point à tous ceux qui crurent à Danton les crimes de ce conspirateur; je n'imputerai point ceux d'Hébert aux citoyens dont le patriotisme sincère fut entraîné quelquefois au-delà des exactes limites de la raison. Les conspirateurs ne seraient point des conspirateurs, s'ils n'avaient l'art de dissimuler assez habilement pour usurper pendant quelque temps la confiance des gens de bien: mais il est des signes certains auxquels on peut discerner les dupes des complices, et l'erreur du crime. Qui fera donc cette distinction? Le bon sens et la justice. Ah! combien le bon sens et la justice sont nécessaires dans les affaires humaines! Les hommes pervers nous appellent des hommes de sang, parce que nous avons fait la guerre aux oppresseurs du monde. Nous serions donc humains, si nous étions réunis à leur ligue sacrilège pour égorger le peuple et pour perdre la patrie.

Au reste, s'il est des conspirateurs privilégiés, s'il est des ennemis inviolables de la République, je consens à m'imposer sur leur compte un éternel silence. J'ai rempli ma tâche; (je ne me charge point de remplir les devoirs d'autrui; un soin plus pressant m'agite en ce moment); il s'agit de sauver la morale publique et les principes conservateurs de la liberté; il s'agit d'arracher à l'oppression tous les amis généreux de la patrie.

Ce sont eux qu'on accuse d'attenter à la représentation nationale! Et où donc chercheraient-ils un autre appui? Après avoir combattu tous vos ennemis, après s'être dévoués à la fureur de toutes les factions pour défendre et votre existence et votre dignité, où chercheraient-ils un asile s'ils ne le trouvaient pas dans votre sein?

Ils aspirent, dit-on, au pouvoir suprême; ils l'exercent déjà. La Convention nationale n'existe donc pas! Le peuple français est donc anéanti! Stupides calomniateurs! vous êtes-vous aperçus que vos ridicules déclamations ne sont pas une injure faite à un individu, mais à une nation invincible, qui dompte et qui punit les rois? Pour moi, j'aurais une répugnance extrême à me défendre personnellement devant vous contre la plus lâche des tyrannies (12), si vous n'étiez pas convaincus que vous êtes les véritables objets des attaques de tous les ennemis de la République. Eh! que suis-je pour mériter leurs persécutions, si elles n'entraient dans le système général de conspiration (13) contre la Convention nationale? N'avez-vous pas remarqué que, pour vous isoler de la nation, ils ont publié à la face de l'univers que vous étiez des dictateurs régnant par la terreur, et désavoués par le voeu tacite des Français? N'ont-ils pas appelé nos armées les hordes conventionnelles; la révolution française, le jacobinisme? Et lorsqu'ils affectent de donner à un faible individu en butte aux outrages de toutes les factions, une importance gigantesque et ridicule, quel peut être leur but, si ce n'est de vous diviser, de vous avilir, en niant votre existence même, semblables à l'impie qui nie l'existence de la divinité qu'il redoute?

Cependant ce mot de dictature a des effets magiques; il flétrit la liberté; il avilit le gouvernement; il détruit la République; il dégrade toutes les institutions révolutionnaires, qu'on présente comme l'ouvrage d'un seul homme; il rend odieuse la justice nationale, qu'il présente comme instituée pour l'ambition d'un seul homme; il dirige sur un point toutes les haines et tous les poignards du fanatisme et de l'aristocratie.

Quel terrible usage les ennemis de la République ont fait du seul nom d'une magistrature romaine? Et si leur érudition nous est si fatale, que sera-ce de leurs trésors et de leurs intrigues? Je ne parle point de leurs armées: mais qu'il me soit permis de renvoyer au duc d'York, et à tous

Maximilien de Robespierre

les écrivains royaux, les patentes de cette dignité ridicule qu'ils m'ont expédiées les premiers. Il y a trop d'insolence à des rois, qui ne sont pas sûrs de conserver leur couronne, de s'arroger le droit d'en distribuer à d'autres. Je conçois qu'un prince ridicule, que celte espèce d'animaux immondes et sacrés qu'on appelle encore rois, puissent se complaire dans leur bassesse et s'honorer de leur ignominie; je conçois que le fils de Georges, par exemple, puisse avoir regret à ce sceptre français qu'on le soupçonne violemment d'avoir convoité, et je plains sincèrement ce moderne Tantale. J'avouerai même, à la honte, non de ma patrie, mais des traîtres qu'elle a punis, que j'ai vu d'indignes mandataires du peuple qui auraient échangé ce titre glorieux pour celui de valet de chambre de Georges ou de d'Orléans. Mais qu'un représentant du peuple qui sent la dignité de ce caractère sacré; qu'un citoyen français, digne de ce nom, puisse abaisser ses voeux jusqu'aux grandeurs coupables et ridicules qu'il a contribué à foudroyer; qu'il se soumette à la dégradation civique pour descendre à l'infamie du trône, c'est ce qui ne paraîtra vraisemblable qu'à ces êtres pervers qui n'ont pas même le droit de croire à la vertu. Que dis-je, vertu? c'est une passion naturelle, sans doute: mais comment la connaîtraient-ils, ces âmes vénales, qui ne s'ouvrirent jamais qu'à des passions lâches et féroces; ces misérables intrigants, qui ne lièrent jamais le patriotisme à aucune idée morale, qui marchèrent dans la révolution à la suite de quelque personnage important et ambitieux, de je ne sais quel prince méprisé, comme jadis nos laquais sur les pas de leurs maîtres? Mais elle existe, je vous en atteste, âmes sensibles et pures; elle existe, cette passion tendre, impérieuse, irrésistible, tourment et délices des coeurs magnanimes; cette horreur profonde de la tyrannie, ce zèle compatissant pour les opprimés, cet amour sacré de la patrie, cet amour plus sublime et plus saint de l'humanité, sans lequel une grande révolution n'est qu'un crime éclatant qui détruit un autre crime: elle existe, cette ambition généreuse de fonder sur la terre la première République du monde; cet égoïsme des hommes non dégradés, qui trouve une volupté céleste dans le calme d'une conscience pure et dans le spectacle ravissant du bonheur public. Vous le sentez, en ce moment, qui brûle dans vos âmes; je le sens dans la mienne. Mais comment nos vils calomniateurs la devineraient-ils? Comment l'aveugle-né aurait-il l'idée de la lumière? La nature leur a refusé une âme; ils ont quelque droit de douter, non seulement de l'immortalité de l'âme, mais de son existence (14).

Discours du 8 thermidor, an II

Ils m'appellent tyran. Si je l'étais, ils ramperaient à mes pieds, je les gorgerais d'or, je leur assurerais le droit de commettre tous les crimes, et ils seraient reconnaissants. Si je l'étais, les rois que nous avons vaincus, loin de me dénoncer, (quel tendre intérêt ils prennent à notre liberté!) me prêteraient leur coupable appui; je transigerais avec eux. Dans leur détresse, qu'attendent-ils, si ce n'est le secours d'une faction protégée par eux, qui leur vende la gloire et la liberté de notre pays (15)? On arrive à la tyrannie par le secours des fripons; où courent ceux qui les combattent? Au tombeau et à l'immortalité. Quel est le tyran qui me protège? Quelle est la faction à qui j'appartiens? C'est vous-mêmes. Quelle est cette faction qui, depuis le commencement de la révolution, a terrassé les factions, a fait disparaître tant de traîtres accrédités? C'est vous, c'est le peuple, ce sont les principes. Voilà la faction à laquelle je suis voué, et contre laquelle tous les crimes sont ligués.

C'est vous qu'on persécute; c'est la patrie, ce sont tous les amis de la patrie. Je me défends encore. Combien d'autres ont été opprimés dans les ténèbres? Qui osera jamais servir la patrie, quand je suis obligé encore ici de répondre à de telles calomnies? Ils citent comme la preuve d'un dessein ambitieux les effets les plus naturels du civisme et de la liberté; l'influence morale des anciens athlètes de la révolution est aujourd'hui assimilée par eux à la tyrannie. Vous êtes, vous-mêmes, les plus lâches de tous les tyrans, vous qui calomniez la puissance de la vérité. Que prétendez-vous, vous qui voulez que la vérité soit sans force dans la bouche des représentants du peuple français? La vérité, sans doute, a sa puissance; elle a sa colère, son despotisme; elle a des accents touchants, terribles, qui retentissent avec force dans les coeurs purs, comme dans les consciences coupables, et qu'il n'est pas plus donné au mensonge d'imiter qu'à Salmonée d'imiter les foudres du ciel; mais accusez-en la nature, accusez-en le peuple la sent et qui l'aime. Il y a deux puissances sur la terre; celle de la raison et celle de la tyrannie; partout où l'une domine, l'autre en est bannie. Ceux qui dénoncent comme un crime la force morale de la raison, cherchent donc à rappeler la tyrannie. Si vous ne voulez pas que les défenseurs des principes obtiennent quelque influence dans cette lutte difficile de la liberté contre l'intrigue, vous voulez donc que la victoire demeure à l'intrigue. Si les représentants du peuple, qui défendent sa cause, ne peuvent pas obtenir impunément son estime, quelle sera la conséquence de ce système, si ce n'est qu'il n'est plus permis de servir le peuple, que la République est pros-

Maximilien de Robespierre

crite et la tyrannie rétablie? Et quelle tyrannie plus odieuse que celle qui punit le peuple dans la personne de ses défenseurs? Car la chose la plus libre qui soit dans le monde, même sous le règne du despotisme, n'est-ce pas l'amitié? Mais vous qui nous en faites un crime, en êtesvous jaloux? Non; vous ne prisez que l'or et les biens périssables que les tyrans prodiguent à ceux qui les servent. Vous les servez, vous qui corrompez la morale publique et protégez tous les crimes: la garantie des conspirateurs est dans l'oubli des principes et dans la corruption; celle des défenseurs de la liberté est toute dans la conscience publique. Vous les servez, vous qui, toujours en deçà ou au-delà de la vérité, prêchez tour à tour la perfide modération de l'aristocratie, et tantôt la fureur des faux démocrates. Vous la servez, prédicateurs obstinés de l'athéisme et du vice. Vous voulez détruire la représentation, vous qui la dégradez par votre conduite, ou qui la troublez par vos intrigues. Lequel est plus coupable, de celui qui attente à sa sûreté par la violence, ou de celui qui attente à sa justice par la séduction et par la perfidie? La tromper, c'est la trahir; la pousser à des actes contraires à ses intentions et à ses principes, c'est tendre à sa destruction; car sa puissance est fondée sur la vertu même et sur la confiance nationale. Nous la chérissons, nous qui, après avoir combattu pour sa sûreté physique, défendons aujourd'hui sa gloire et ses principes: est-ce ainsi que l'on marche au despotisme? Mais quelle dérision cruelle d'ériger en despotes des citoyens toujours proscrits? Et que sont autre chose ceux qui ont constamment défendu les intérêts de leur pays? La République a triomphé, jamais ses défenseurs. Que suis-je, moi qu'on accuse? un esclave de la liberté, un martyr vivant de la République, la victime autant que l'ennemi du crime. Tous les fripons m'outragent; les actions les plus indifférentes, les plus légitimes de la part des autres sont des crimes pour moi. Un homme est calomnié dès qu'il me connaît: on pardonne à d'autres leurs forfaits; on me fait un crime de mon zèle. Otez-moi ma conscience, je suis le plus malheureux de tous les hommes; je ne jouis pas même des droits du citoyen: que dis-je? il ne m'est pas même permis de remplir les devoirs d'un représentant du peuple.

C'est ici que je dois laisser échapper la vérité et dévoiler les véritables plaies de la République. Les affaires publiques reprennent une marche perfide et alarmante; le système combiné des Hébert et des Fabre d'Eglantine est poursuivi maintenant avec une audace inouïe. Les contre-révolutionnaires sont protégés; ceux qui déshonorent la révolution avec les formes de l'Hébertisme, le sont ouvertement; les autres avec plus de réserve. Le patriotisme et la probité sont proscrits par les uns et par les autres. On veut détruire le gouvernement révolutionnaire, pour immoler la patrie aux scélérats qui la déchirent, et on marche à ce but odieux par deux routes différentes. Ici on calomnie ouvertement les institutions révolutionnaires, là on cherche à les rendre odieuses par des excès; on tourmente les hommes nuls ou paisibles; on plonge chaque jour les patriotes dans les cachots, et on favorise l'aristocratie de tout son pouvoir; c'est là ce qu'on appelle indulgence, humanité. Est-ce là le gouvernement révolutionnaire que nous avons institué et défendu? non, ce gouvernement est la marche rapide et sûre de la justice; c'est la foudre lancée par la main de la liberté contre le crime; ce n'est pas le despotisme des fripons et de l'aristocratie; ce n'est pas l'indépendance du crime, de toutes les lois divines et humaines. Sans le gouvernement révolutionnaire, la République ne peut s'affermir, et les factions l'étoufferont dans son berceau; mais s'il tombe en des mains perfides, il devient lui-même l'instrument de la contre-révolution. Or, on cherche à le dénaturer pour le détruire. Ceux qui le calomnient, et ceux qui le compromettent par des actes d'oppression sont les mêmes hommes. Je ne développerai point toutes les causes de ces abus, mais je vous en indiquerai une seule qui suffira pour vous expliquer tous ces funestes effets: elle existe dans l'excessive perversité des agents subalternes d'une autorité respectable constituée dans votre sein. Il est dans ce comité des hommes dont il est impossible de ne pas chérir et respecter les vertus civiques; c'est une raison de plus de détruire un abus qui s'est commis à leur insu, et qu'ils seront les premiers à combattre. En vain une funeste politique prétendrait-elle environner les agents dont je parle d'un certain prestige superstitieux. Je ne sais pas respecter des fripons: j'adopte bien moins encore cette maxime royale, qu'il est utile de les employer. Les armes de la liberté ne doivent être touchées que par des mains pures. Epurons la surveillance nationale, au lieu d'empailler les vices. La vérité n'est un écueil que pour les gouvernements corrompus; elle est l'appui du nôtre. Pour moi, je frémis quand je songe que des ennemis de la révolution, que d'anciens professeurs de royalisme, que des ex-nobles, des émigrés peut-être se sont tout à coup faits révolutionnaires, et transformés en commis du comité de sûreté générale, pour se venger sur les amis de la patrie, de la naissance et des succès de la République. Il serait assez étrange que nous eussions la bonté de payer des

Maximilien de Robespierre

espions de Londres ou de Vienne, pour nous aider à faire la police de la République. Or, je ne doute pas que ce cas-là ne soit souvent arrivé; ce n'est pas que ces gens-là ne se soient fait des titres de patriotisme en arrêtant des aristocrates prononcés. Qu'importe à l'étranger de sacrifier quelques Français coupables envers leur patrie, pourvu qu'ils immolent les patriotes et détruisent la République?

A ces puissants motifs qui m'avaient déjà déterminé à dénoncer ces hommes, mais inutilement, j'en joins un autre qui tient à la trame que j'avais commencé à développer; nous sommes instruits qu'ils sont payés par les ennemis de la révolution, pour déshonorer le gouvernement révolutionnaire en lui-même, et pour calomnier les représentants du peuple dont les tyrans ont ordonné la perte. Par exemple, quand les victimes de leur perversité se plaignent, ils s'excusent en leur disant: c'est Robespierre qui le veut: nous ne pouvons pas nous en dispenser. Les infâmes disciples d'Hébert tenaient jadis le même langage dans le temps où je les dénonçais; ils se disaient mes amis; ensuite ils m'ont déclaré convaincu de modérantisme; c'est encore la même espèce de contre-révolutionnaires qui persécute le patriotisme. Jusqu'à quand l'honneur des citoyens et la dignité de la Convention nationale seront-ils à la merci de ces hommes-là? Mais le trait que je viens de citer n'est qu'une branche du système de persécution plus vaste dont je suis l'objet. En développant cette accusation de dictature mise à l'ordre du jour par les tyrans, on s'est attaché à me charger de toutes leurs iniquités, de tous les torts de la fortune, ou de toutes les rigueurs commandées par le salut de la patrie (18). On disait aux nobles: c'est lui seul qui vous a proscrits; on disait en même temps aux patriotes: il veut sauver les nobles; on disait aux prêtres: c'est lui seul qui vous poursuit; sans lui vous seriez paisibles et triomphants; on disait aux fanatiques: c'est lui seul qui détruit la religion; on disait aux patriotes persécutés: c'est lui qui l'a ordonné ou qui ne veut pas l'empêcher. On me renvoyait toutes les plaintes dont je ne pouvais faire cesser les causes, en disant: votre sort dépend de lui seul. Des hommes apostés dans les lieux publics propageaient chaque jour ce système; il y en avait dans le lieu des séances du tribunal révolutionnaire; dans les lieux où les ennemis de la patrie expient leurs forfaits: ils disaient: voilà des malheureux condamnés; qui est-ce qui en est la cause? Robespierre. On s'est attaché particulièrement à prouver que le tribunal révolutionnaire était un tribunal de sang, créé par moi seul, et que je maîtrisais absolument pour faire égorger tous les gens de bien, et même tous les fripons; car on voulait me susciter des ennemis de tous les genres. Ce cri retentissait dans toutes les prisons; ce plan de proscription était exécuté à la fois dans tous les départements par les émissaires de la tyrannie. Ce n'est pas tout: on a proposé dans ces derniers temps des projets de finance qui m'ont paru calculés pour désoler les citoyens peu fortunés, et pour multiplier les mécontents. J'avais souvent appelé inutilement l'attention du comité de salut public sur cet objet. Eh bien! croirait-on qu'on a répandu le bruit qu'ils étaient encore mon ouvrage, et que, pour l'accréditer, on a imaginé de dire qu'il existait au comité de salut public une commission des finances, et que j'en étais le président? Mais comme on voulait me perdre, surtout dans l'opinion de la Convention nationale, on prétendit que moi seul avais osé croire qu'elle pouvait renfermer dans son sein quelques hommes indignes d'elle. On dit à chaque député revenu d'une mission dans les départements, que moi seul avais provoqué son rappel; je fus accusé par des hommes très officieux et très insinuants de tout le bien et de tout le mal qui avait été fait. On rapportait fidèlement à mes collègues, et tout ce que j'avais dit, et surtout ce que je n'avais pas dit. On écartait avec soin le soupçon qu'on eût contribué à un acte qui pût déplaire à quelqu'un; j'avais tout fait, tout exigé, tout commandé; car il ne faut pas oublier mon titre de dictateur. Quand on eut formé cet orage de haines, de vengeances, de terreur, d'amours-propres irrités, on crut qu'il était temps d'éclater. Ceux qui croyaient avoir des raisons de me redouter se flattaient hautement que ma perte certaine allait assurer leur salut et leur triomphe; tandis que les papiers anglais et allemands annonçaient mon arrestation, des colporteurs de journaux la criaient à Paris. Mes collègues devant qui je parle savent le reste beaucoup mieux que moi; ils connaissent toutes les tentatives qu'on a faites auprès d'eux pour préparer le succès d'un roman qui paraissait une nouvelle édition de celui de Louvet. Plusieurs pourraient rendre compte des visites imprévues qui leur ont été rendues pour les disposer à me proscrire. Enfin, on assure que l'on était prévenu généralement dans la Convention nationale, qu'un acte d'accusation allait être porté contre moi; on a sondé les esprits à ce sujet, et tout prouve que la probité de la Convention nationale a forcé les calomniateurs à abandonner, ou du moins à ajourner leur crime. Mais qui étaient-ils ces calomniateurs? ce que je puis répondre d'abord, c'est que dans un manifeste royaliste, trouvé dans les papiers d'un conspirateur connu qui a déjà subi la peine due à ses for-

Maximilien de Robespierre

faits, et qui paraît être le texte de toutes les calomnies renouvelées en ce moment, on lit en propres termes cette conclusion adressée à toutes les espèces d'ennemis publics: si cet astucieux démagogue n'existait plus, s'il eût payé de sa tête ses manoeuvres ambitieuses, la nation serait libre; chacun pourrait publier ses pensées; Paris n'aurait jamais vu dans son sein cette multitude d'assassinats vulgairement connus sous le faux nom de jugements du tribunal révolutionnaire. Je puis ajouter que ce passage est l'analyse des proclamations faites par les princes coalisés et des journaux étrangers à la solde des rois, qui, par cette voie, semblent donner tous les jours le mot d'ordre à tous les conjurés de l'intérieur. Je ne citerai que ce passage de l'un des plus accrédités de ces écrivains [La commission a cherché inutilement dans les papiers de Robespierre le journal dont il cite un passage.].

Je puis donc répondre que les auteurs de ce plan de calomnies sont d'abord le duc d'York, M. Pitt, et tous les tyrans armés contre nous. Qui ensuite?... Ah! Je n'ose les nommer dans ce moment et dans ce lieu; je ne puis me résoudre à déchirer entièrement le voile qui couvre ce profond mystère d'iniquités; mais ce que je puis affirmer positivement, c'est que, parmi les auteurs de cette trame, sont les agents de ce système de corruption et d'extravagance, le plus puissant de tous les moyens inventés par l'étranger pour perdre la République, sont les apôtres impurs de l'athéisme et de l'immoralité dont il est la base.

C'est une circonstance bien remarquable que votre décret du... [lacune dans le manuscrit; il s'agit sans aucun doute du décret du 18 floréal] qui raffermit les bases ébranlées de la morale publique, fut le signal d'un accès de fureur des ennemis de la République. C'est de cette époque que datent les assassinats et les nouvelles calomnies, plus criminelles que les assassinats. Les tyrans sentaient qu'ils avaient une défaite décisive à réparer. La proclamation solennelle de vos véritables principes détruisit en un jour les fruits de plusieurs années d'intrigues; les tyrans triomphaient, le Peuple français était placé entre la famine et l'athéisme plus odieux que la famine. Le Peuple peut supporter la faim, mais non le crime; le Peuple sait tout sacrifier, excepté ses vertus. La tyrannie n'avait pas encore fait cet outrage à la nature humaine, de lui faire une honte de la morale et un devoir de la dépravation; les plus vils des conspirateurs l'avaient réservé au Peuple français dans sa gloire et dans sa puissance. La tyrannie n'avait demandé aux hommes que leurs biens et leur vie; ceux-ci nous demandaient jusqu'à nos consciences; d'une main ils nous présentaient tous les maux, et de l'autre ils nous arrachaient l'espérance. L'athéisme, escorté de tous les crimes, versait sur le peuple le deuil et le désespoir, et sur la représentation nationale, les soupçons, le mépris et l'opprobre. Une juste indignation comprimée par la terreur fermentait sourdement dans tous les coeurs. Une éruption terrible, inévitable, bouillonnait dans les entrailles du volcan, tandis que de petits philosophes jouaient stupidement sur sa cime, avec de grands scélérats. Telle était la situation de la République, que, soit que le Peuple consentît à souffrir la tyrannie, soit qu'il en secouât violemment le joug, la liberté était également perdue; car par sa réaction, il eût blessé à mort la République, et par sa patience il s'en serait rendu indigne. Aussi de tous les prodiges de notre révolution, celui que la postérité concevra le moins, c'est que nous ayons pu échapper à ce danger. Grâces immortelles vous soient rendues; vous avez sauvé la Patrie, votre décret du... [lacune dans le manuscrit; même décret du 18 floréal] est lui seul une révolution; vous avez frappé du même coup l'athéisme et le despotisme sacerdotal; vous avez avancé d'un demi-siècle l'heure fatale des tyrans; vous avez rattaché à la cause de la révolution tous les coeurs purs et généreux; vous l'avez montrée au monde dans tout l'éclat de sa beauté céleste. O jour à jamais fortuné, où le Peuple français tout entier s'éleva pour rendre à l'auteur de la Nature le seul hommage digne de lui! Quel touchant assemblage de tous les objets qui peuvent enchanter les regards et le coeur des hommes! O vieillesse honorée! ô généreuse ardeur des enfants de la patrie! ô joie naïve et pure des jeunes citoyens! ô larmes délicieuses des mères attendries! ô charme divin de l'innocence et de la beauté! ô majesté d'un grand peuple heureux par le seul sentiment de sa force, de sa gloire et de sa vertu! Etre des êtres! Le jour où l'univers sortit de tes mains toutes-puissantes, brilla-t-il d'une lumière plus agréable à tes yeux, que ce jour où brisant le joug du crime et de l'erreur, il parut devant toi, digne de tes regards et de ses destinées?

Ce jour avait laissé sur la France une impression profonde de calme, de bonheur, de sagesse et de bonté. A la vue de celte réunion sublime du premier Peuple du Monde, qui aurait cru que le crime existait encore sur la terre (20)? Mais quand le Peuple, en présence duquel tous les vices privés disparaissent, est rentré dans ses foyers domestiques; les intrigants reparaissent, et le rôle des charlatans recommence. C'est depuis cette époque qu'on les a vus s'agiter avec une nouvelle audace, et chercher à punir tous ceux qui avaient déconcerté le plus dangereux de tous les complots. Croirait-on qu'au sein de l'allégresse publique, des hommes aient répondu par des signes de fureur aux touchantes acclamations du Peuple? Croira-t-on que le président de la Convention nationale, parlant au peuple assemblé, fut insulté par eux, et que ces hommes étaient des représentants du Peuple? Ce seul trait explique tout ce qui s'est passé depuis (21). La première tentative que firent les malveillants fut de chercher à avilir les grands principes que vous aviez proclamés, et à effacer le souvenir touchant de la fête nationale. Tel fut le but du caractère et de la solennité qu'on donna à ce qu'on appelait l'affaire de Catherine Théot. La malveillance a bien su tirer parti de la conspiration politique cachée sous le nom de quelques dévotes imbéciles, et on ne présenta à l'attention publique qu'une farce mystique et un sujet inépuisable de sarcasmes indécents ou puérils. Les véritables conjurés les échappèrent, et on faisait retentir Paris et toute la France du nom de la mère de Dieu. Au même instant, on vit éclore une multitude de pamphlets dégoûtants, dignes du père Duchesne, dont le but était d'avilir la Convention nationale, le tribunal révolutionnaire; de renouveler les querelles religieuses, d'ouvrir une persécution aussi atroce qu'impolitique contre les esprits faibles ou crédules imbus de quelque ressouvenir superstitieux (22). En effet, une multitude de citoyens paisibles et même de patriotes ont été arrêtés à l'occasion de cette affaire; et les coupables conspirent encore en liberté; car le plan est de les sauver, de tourmenter le peuple et de multiplier les mécontents (23). Que n'a-t-on pas fait pour parvenir à ce but? Prédication ouverte de l'athéisme, violences inopinées contre le culte, exactions commises sous les formes les plus indécentes, persécutions dirigées contre le peuple, sous prétexte de superstition; système de famine; d'abord par les accaparements, ensuite par la guerre suscitée à tout commerce licite, sous prétexte d'accaparement; incarcérations des patriotes: tout tendait à ce but. Dans le même temps la trésorerie nationale suspendait les paiements; on réduisait au désespoir, par des projets machiavéliques, les petits créanciers de l'Etat; on employait la violence et la ruse pour leur faire souscrire des engagements funestes à leurs intérêts, au nom de la loi même qui désavoue cette manoeuvre. Toute occasion de vexer un citoyen était saisie avec avidité, et toutes vexations étaient déguisées, selon l'usage, sous des prétextes de bien public. On servait l'aristocratie, mais on l'inquiétait; on l'épouvantait à dessein pour grossir le nombre des mécontents et la pousser à quelque acte de désespoir contre le gouvernement révolutionnaire (24). On publiait qu'Hérault, Danton, Hébert étaient des victimes du comité de salut public, et qu'il fallait les venger par la perte de ce Comité. On voulait ménager les chefs de la force armée; on persécutait les magistrats de la commune, et on parlait de rappeler Pache aux fonctions de maire. Tandis que des représentants du peuple tenaient hautement ce langage, tandis qu'ils s'efforçaient de persuader à leurs collègues qu'ils ne pouvaient trouver de salut que dans la perle des membres du Comité; tandis que des jurés du tribunal révolutionnaire, qui avaient cabale scandaleusement en faveur des conjurés accusés par la Convention, disaient partout qu'il fallait résister à l'oppression, et qu'il y avait vingt-neuf mille patriotes déterminés à renverser le gouvernement actuel; voici le langage que tenaient les journaux étrangers qui, dans tous les moments de crises, ont toujours annoncé fidèlement les complots prêts de s'exécuter au milieu de nous, et dont les auteurs semblent avoir des relations avec les conjurés. Il faut une émeute aux criminels. En conséquence, ils ont rassemblé à Paris en ce moment, de toutes les parties de la République, les scélérats qui la désolaient au temps de Chaumette et d'Hébert, ceux que vous avez ordonné par votre décret de faire traduire au tribunal révolutionnaire.

On rendait odieux le gouvernement révolutionnaire pour préparer sa destruction. Après en avoir accumulé tous les ordres et en avoir dirigé tout le blâme sur ceux qu'on voulait perdre par un système sourd et universel de calomnie, on devait détruire le tribunal révolutionnaire ou le composer de conjurés, appeler à soi l'aristocratie, présenter à tous les ennemis de la patrie l'impunité, et montrer au peuple ses plus zélés défenseurs comme les auteurs de tous les maux passés. Si nous réussissons, disaient les conjurés, il faudra contraster par une extrême indulgence avec l'état présent des choses. Ce mot renferme toute la conspiration. Quels étaient les crimes reprochés à Danton, à Fabre, à Desmoulins? de prêcher la clémence pour les ennemis de la patrie, et de conspirer pour leur assurer une amnistie fatale à la liberté. Que dirait-on si les auteurs du complot dont je viens de parler étaient du nombre de ceux qui ont conduit Danton, Fabre et Desmoulins à l'échafaud? Que faisaient les premiers conjurés? Hébert, Chaumette et Ronsin, s'appliquaient à rendre le gouvernement révolutionnaire insupportable et ridicule, tandis que Camille Desmoulins l'attaquait dans des écrits satiriques, et que Fabre et Danton intriguaient pour le défendre. Les uns calomniaient, les autres préparaient les prétextes de la calomnie. Le même système est aujourd'hui continué ouvertement. Par quelle fatalité ceux qui déclamaient jadis contre Hébert, défendent-ils ses complices? Comment ceux qui se déclaraient les ennemis de Danton sont-ils devenus ses imitateurs? Comment ceux qui jadis accusaient hautement certains membres de la Convention, se trouvent-ils ligués avec eux contre les patriotes qu'on veut perdre? Les lâches! ils voulaient donc me faire descendre au tombeau avec ignominie! Et je n'aurais laissé sur la terre que la mémoire d'un tyran! Avec quelle perfidie ils abusaient de ma bonne foi! Comme ils semblaient adopter les principes de tous les bons citoyens! Comme leur feinte amitié était naïve et caressante! Tout à coup leurs visages se sont couverts des plus sombres nuages; une joie féroce brillait dans leurs yeux; c'était le moment où ils croyaient toutes leurs mesures bien prises pour m'accabler. Aujourd'hui ils me caressent de nouveau; leur langage est plus affectueux que jamais. Il y a trois jours, ils étaient prêts à me dénoncer comme un Catilina; aujourd'hui ils me prêtent les vertus de Caton. Il leur faut du temps pour renouer leurs trames criminelles. Que leur but est atroce! mais que leurs moyens sont méprisables! Jugez-en par un seul trait. J'ai été chargé momentanément, en l'absence d'un de mes collègues, de surveiller un bureau de police générale récemment et faiblement organisé au comité de salut public. Ma courte gestion s'est bornée à provoquer une trentaine d'arrêtés, soit pour mettre en liberté des patriotes persécutés, soit pour s'assurer de quelques ennemis de la révolution. Eh bien! croira-t-on que ce seul mot de police générale a servi de prétexte pour mettre sur ma tête la responsabilité de toutes les opérations du comité de sûreté générale, des erreurs de toutes les autorités constituées, des crimes de tous mes ennemis? Il n'y a peut-être pas un individu arrêté, pas un citoyen vexé à qui l'on n'ait dit de moi: «Voilà l'auteur de tes maux; tu serais heureux et libre s'il n'existait plus». Comment pourrais-je ou raconter ou deviner toutes les espèces d'impostures qui ont été clandestinement insinuées, soit dans la Convention nationale, soit ailleurs, pour me rendre odieux ou redoutable? Je me bornerai à dire que depuis plus de six semaines, la nature et la force de la calomnie, l'impuissance de faire le bien et d'arrêter le mal, m'a forcé à abandonner absolument mes fonctions de membre du comité de salut public, et je jure qu'en cela même, je n'ai consulté que ma raison et la patrie. Je préfère ma qualité de représentant du peuple à celle de membre du comité du salut public, et je mets ma qualité d'homme et de citoyen français avant tout.

Discours du 8 thermidor, an II

Quoi qu'il en soit, voilà au moins six semaines que ma dictature est expirée, et que je n'ai aucune espèce d'influence sur le gouvernement; le patriotisme a-t-il été plus protégé? les factions plus timides? la patrie plus heureuse? Je le souhaite. Mais cette influence s'est bornée dans tous les temps à plaider la cause de la patrie devant la représentation nationale, et au tribunal de la raison publique. Il m'a été permis de combattre les factions qui vous menaçaient: j'ai voulu déraciner le système de corruption et de désordre qu'elles avaient établi, et que je regarde comme le seul obstacle à l'affermissement de la République. J'ai pensé qu'elle ne pouvait s'asseoir que sur les bases éternelles de la morale. Tout s'est ligué contre moi et contre ceux qui avaient les mêmes principes. Après avoir vaincu les dédains et les contradictions de plusieurs, je vous ai proposé les grands principes gravés dans vos coeurs, et qui ont foudroyé les complots des athées contre-révolutionnaires. Vous les avez consacrés; mais c'est le sort des principes d'être proclamés par les gens de bien, et appliqués, ou contrariés par les méchants. La veille même de la fête de l'Etre suprême, on voulait la faire reculer, sous un prétexte frivole. Depuis on n'a cessé de jeter du ridicule surtout ce qui tient à ces idées; depuis on n'a cessé de favoriser tout ce qui pouvait réveiller la doctrine des conjurés que vous avez punis. Tout récemment, on vient de faire disparaître les traces de tous les monuments qui ont consacré de grandes époques de la Révolution. Ceux qui rappelaient la révolution morale qui vous vengeait de la calomnie et qui fondait la République, sont les seuls qui aient été détruits. Je n'ai vu chez plusieurs aucun penchant à suivre des principes fixes, à tenir la route de la justice tracée entre les deux écueils que les ennemis, [sic] de la patrie ont placés sur notre carrière. S'il faut que je dissimule ces vérités, qu'on m'apporte la ciguë. Ma raison, non mon coeur, est sur le point de douter de cette République vertueuse dont je m'étais tracé le plan. J'ai cru deviner le véritable but de cette bizarre imputation de la dictature; je me suis rappelé que Brissot et Roland en avaient déjà rempli l'Europe dans le temps où ils exerçaient une puissance presque sans bornes. Dans quelles mains sont aujourd'hui les armées, les finances et l'administration intérieure de la République? Dans celles de la coalition qui me poursuit. Tous les amis des principes sont sans influence (25); mais ce n'est pas assez pour eux d'avoir éloigné par le désespoir du bien un surveillant incommode; son existence seule est pour eux un objet d'épouvante, et ils avaient médité dans les ténèbres, à l'insu de leurs collègues, le projet de lui arra-

cher le droit de défendre le peuple, avec la vie. Oh! je la leur abandon-
nerai sans regret: j'ai l'expérience du passé, et je vois l'avenir. Quel ami
de la patrie peut vouloir survivre au moment où il n'est plus permis de la
servir et de défendre l'innocence opprimée? Pourquoi demeurer dans
un ordre de choses où l'intrigue triomphe éternellement de la vérité, où
la justice est un mensonge, où les plus viles passions, où les craintes les
plus ridicules occupent dans les coeurs la place des intérêts sacrés de
l'humanité? Comment supporter le supplice de voir cette horrible succession de traîtres plus ou moins habiles à cacher leurs âmes hideuses
sous le voile de la vertu, et même de l'amitié, mais qui tous laisseront
à la postérité l'embarras de décider lequel des ennemis de mon pays
fut le plus lâche et le plus atroce? En voyant la multitude des vices que
le torrent de la révolution a roulés pêle-mêle avec les vertus civiques,
j'ai craint quelquefois, je l'avoue, d'être souillé aux yeux de la postérité
par le voisinage impur des hommes pervers qui s'introduisaient parmi
les sincères amis de l'humanité, et je m'applaudis de voir la fureur des
Verrès et des Catilina de mon pays tracer une ligne profonde de démarcation entre eux et tous les gens de bien (26). J'ai vu dans l'histoire
tous les défenseurs de la liberté accablés par la calomnie; mais leurs
oppresseurs sont morts aussi. Les bons et les méchants disparaissent
de la terre, mais à des conditions différentes. Français, ne souffrez pas
que vos ennemis osent abaisser vos âmes et énerver vos vertus par leur
désolante doctrine; Non, Chaumette, non, la mort n'est pas un sommeil
éternel. Citoyens, effacez des tombeaux cette maxime gravée par des
mains sacrilèges, qui jette un crêpe funèbre sur la nature, qui décourage
l'innocence opprimée, et qui insulte à la mort; gravez-y plutôt celle-ci:
La mort est le commencement de l'immortalité.

J'ai promis, il y a quelque temps, de laisser un testament redoutable
aux oppresseurs du peuple. Je vais le publier dès ce moment avec l'indépendance qui convient à la situation où je me suis placé: je leur lègue la
vérité terrible et la mort.

Représentants du Peuple français, il est temps de reprendre la fierté
et la hauteur du caractère qui vous conviennent. Vous n'êtes point faits
pour être régis, mais pour régir les dépositaires de votre confiance. Les
hommages qu'ils vous doivent ne consistent pas dans ces vaines flagor-
neries, dans ces récits flatteurs, prodigués aux rois par des ministres ambitieux, mais dans la vérité, et surtout dans le respect profond pour vos
principes. On vous a dit que tout est bien dans la République: je le nie.

Discours du 8 thermidor, an II

Pourquoi ceux qui, avant-hier, vous prédisaient tant d'affreux orages, ne voyaient-ils plus hier que des nuages légers? Pourquoi ceux qui vous disaient naguère, je vous déclare que nous marchons sur des volcans, croient-ils ne marcher aujourd'hui que sur des roses? Hier ils croyaient aux conspirations: je déclare que j'y crois dans ce moment. Ceux qui vous disent que la fondation de la République est une entreprise si facile, vous trompent, ou plutôt ils ne peuvent tromper personne. Où sont les institutions sages, où est le plan de régénération qui justifient cet ambitieux langage? S'est-on seulement occupé de ce grand objet? Que dis-je? ne voulait-on pas proscrire ceux qui les avaient préparées? On les loue aujourd'hui, parce qu'on se croit plus faible; donc on les proscrira encore demain si on devient plus fort. Dans, quatre jours, dit-on, les injustices seront réparées: pourquoi ont-elles été commises impunément depuis quatre mois? Et comment, dans quatre jours, tous les auteurs de nos maux seront-ils corrigés ou chassés? On vous parle beaucoup de vos victoires (27) avec une légèreté académique, qui ferait croire qu'elles n'ont coûté à nos héros ni sang, ni travaux: racontées avec moins de pompe, elles paraîtraient plus grandes. Ce n'est ni par des phrases de rhéteur, ni même par des exploits guerriers, que nous subjuguerons l'Europe, mais par la sagesse de nos lois, par la majesté de nos délibérations, et par la grandeur de nos caractères. Qu'a-t-on fait pour tourner nos succès militaires au profit de nos principes, pour prévenir les dangers de la victoire, ou pour nous en assurer les fruits? Surveillez la victoire; surveillez la Belgique. Je vous avertis que votre décret contre les Anglais a été éternellement violé; que l'Angleterre, tant maltraitée par nos discours, est ménagée par nos armes. Je vous avertis que les comédies philanthropiques, jouées par Dumouriez dans la Belgique, sont répétées aujourd'hui; que l'on s'amuse à planter des arbres stériles de la liberté dans un sol ennemi, au lieu de cueillir les fruits de la victoire, et que les esclaves vaincus sont favorisés aux dépens de la République victorieuse. Nos ennemis se retirent, et nous laissent à nos divisions intestines. Songez à la fin de la campagne; craignez les factions intérieures; craignez les intrigues favorisées par l'éloignement dans une terre étrangère. On a semé la division parmi les généraux; l'aristocratie militaire est protégée; les généraux fidèles sont persécutés; l'administration militaire s'enveloppe d'une autorité suspecte; on a violé vos décrets pour secouer le joug d'une surveillance nécessaire. Ces vérités valent bien des épigrammes.

Maximilien de Robespierre

Notre situation intérieure est beaucoup plus critique. Un système raisonnable de finances est à créer; celui qui règne aujourd'hui est mesquin, prodigue, tracassier, dévorant, et, dans le fait, absolument indépendant de votre surveillance suprême. Les relations extérieures sont absolument négligées. Presque tous les agents employés chez les puissances étrangères, décriés par leur incivisme, ont trahi ouvertement la République, avec une audace impunie jusqu'à ce jour.

Le gouvernement révolutionnaire mérite toute votre attention: qu'il soit détruit aujourd'hui, demain la liberté n'est plus. Il ne faut pas le calomnier, mais le rappeler à son principe, le simplifier, diminuer la foule innombrable de ses agents, les épurer surtout: il faut rendre la sécurité au peuple, mais non à ses ennemis. Il ne s'agit point d'entraver la justice du peuple par des formes nouvelles; la loi pénale doit nécessairement avoir quelque chose de vague, parce que le caractère actuel des conspirateurs étant la dissimulation et l'hypocrisie, il faut que la justice puisse les saisir sous toutes les formes. Une seule manière de conspirer laissée impunie, rendrait illusoire et compromettrait le salut de la patrie. La garantie du patriotisme n'est donc pas dans la lenteur ni dans la faiblesse de la justice nationale, mais dans les principes et dans l'intégrité de ceux à qui elle est confiée, dans la bonne foi du gouvernement, dans la protection franche qu'il accorde aux patriotes, et dans l'énergie avec laquelle il comprime l'aristocratie; dans l'esprit public, dans certaines institutions morales et politiques qui, sans entraver la marche de la justice, offrent une sauvegarde aux bons citoyens, et compriment par leur influence sur l'opinion publique et sur la direction de la marche révolutionnaire (28) et qui vous seront proposées quand les conspirations les plus voisines permettront aux amis de la liberté de respirer.

Guidons l'action révolutionnaire par des maximes sages et constamment maintenues; punissons sévèrement ceux qui abusent des principes révolutionnaires pour vexer les citoyens; qu'on soit bien convaincu que tous ceux qui sont chargés de la surveillance nationale, dégagés de tout esprit de parti, veulent fortement le triomphe du patriotisme, et la punition des coupables. Tout rentre dans l'ordre(29); mais si l'on devine que des hommes trop influents désirent en secret la destruction du gouvernement révolutionnaire, qu'ils inclinent à l'indulgence plutôt qu'à la justice; s'ils emploient des agents corrompus, s'ils calomnient aujourd'hui la seule autorité qui en impose aux ennemis de la liberté, et se rétractent le lendemain pour intriguer de nouveau; si, au lieu de rendre la liberté aux patriotes, ils la rendent indistinctement aux culti-vateurs, alors tous les intrigants se liguent pour calomnier les patriotes, et les oppriment (30). C'est à toutes ces causes qu'il faut imputer les abus, et non au gouvernement révolutionnaire; car il n'y en a pas un qui ne fût insupportable aux mêmes conditions.

Le gouvernement révolutionnaire a sauvé la patrie; il faut le sauver lui-même de tous les écueils: ce serait mal conclure de croire qu'il faut le détruire, par cela seul que les ennemis du bien public l'ont d'abord paralysé, et s'efforcent maintenant de le corrompre. C'est une étrange manière de protéger les patriotes, de mettre en liberté les contre-révo-lutionnaires et de faire triompher les fripons! c'est la terreur du crime qui fait la sécurité de l'innocence.

Au reste, je suis loin d'imputer les abus à la majorité de ceux à qui vous avez donné votre confiance; la majorité est elle-même paralysée et tra-hie; l'intrigue et l'étranger triomphent. On se cache, on dissimule, on trompe: donc on conspire. On était audacieux; on méditait un grand acte d'oppression; on s'entourait de la force pour comprimer l'opinion publique après l'avoir irritée (31); on cherche à séduire des fonction-naires publics dont on redoute la fidélité; on persécute les amis de la liberté: on conspire donc. On devient tout à coup souple et même flat-teur; on sème sourdement des insinuations dangereuses contre Paris; on cherche à endormir l'opinion publique; on calomnie le peuple; on érige en crime la sollicitude civique; on ne renvoie point les déserteurs, les prisonniers ennemis, les contre-révolutionnaires de toute espèce qui se rassemblent à Paris, et on éloigne les canonniers; on désarme les ci-toyens; on intrigue dans l'armée; on cherche à s'emparer de tout: donc on conspire. Ces jours derniers, on chercha à vous donner le change sur la conspiration; aujourd'hui on la nie: c'est même un crime d'y croire; on vous effraie, on vous rassure tour à tour: la véritable conspiration, la voilà.

La contre-révolution est dans l'administration des finances.

Elle porte toute sur un système d'innovation contre-révolutionnaire, déguisée sous le dehors du patriotisme. Elle a pour but de fomenter l'agiotage, d'ébranler le crédit public en déshonorant la loyauté fran-çaise, de favoriser les riches créanciers, de ruiner et de désespérer les pauvres, de multiplier les mécontents, de dépouiller le peuple des biens nationaux, et d'amener insensiblement la ruine de la fortune publique.

Maximilien de Robespierre

Quels sont les administrateurs suprêmes de nos finances? Des Brissotins, des Feuillants, des aristocrates et des fripons connus: ce sont les Cambon, les Mallarmé, les Ramel; ce sont les compagnons et les successeurs de Chabot, de Fabre, et de Julien (de Toulouse).

Pour pallier leurs pernicieux desseins, il se sont avisés, dans les derniers temps, de prendre l'attache du comité de salut public, parce qu'on ne doutait pas que ce comité, distrait par tant et de si grands travaux, adopterait de confiance, comme il est arrivé quelquefois, tous les projets de Cambon. C'est un nouveau stratagème imaginé pour multiplier les ennemis du comité, dont la perte est le principal but de toutes les conspirations.

La trésorerie nationale, dirigée par un contre-révolutionnaire hypocrite, nommé L'Hermina, seconde parfaitement leurs vues par le plan qu'elle a adopté, de mettre des entraves à toutes les dépenses urgentes, sous le prétexte d'un attachement scrupuleux aux formes, de ne payer personne, excepté les aristocrates, et de vexer les citoyens malaisés par des refus, par des retards, et souvent par des provocations odieuses.

La contre-révolution est dans toutes les parties de l'économie politique. Les conspirateurs nous ont précipités, malgré nous, dans des mesures violentes, que leurs crimes seuls ont rendues nécessaires, et réduit la République à la plus affreuse disette, et qui l'aurait affamée, sans le concours des événements les plus inattendus. Ce système était l'ouvrage de l'étranger, qui l'a proposé par l'organe vénal des Chabot, des l'Huilier, des Hébert et tant d'autres scélérats: il faut tous les efforts du génie pour ramener la République à un régime naturel et doux qui seul peut entretenir l'abondance; et cet ouvrage n'est pas encore commencé.

On se rappelle tous les crimes prodigués pour réaliser le pacte de famine enfanté par le génie infernal de l'Angleterre. Pour nous arracher à ce fléau, il a fallu deux miracles également inespérés: le premier est la rentrée de notre convoi vendu à l'Angleterre avant son départ de l'Amérique, et sur lequel le cabinet de Londres comptait, et la récolte abondante et prématurée que la nature nous a présentée; l'autre est la patience sublime du peuple qui a souffert la faim même, pour conserver sa liberté. Il nous reste encore à surmonter le défaut de bras, de voitures, de chevaux, qui est un obstacle à la moisson et à la culture des terres, et toutes les manoeuvres tramées, l'année dernière, par nos ennemis, et qu'ils ne manqueront pas de renouveler.

Discours du 8 thermidor, an II

Les contre-révolutionnaires sont accourus ici pour se joindre à leurs complices et défendre leurs patrons, à force d'intrigues et de crimes. Ils comptent sur les contre-révolutionnaires détenus, sur les gens de la Vendée et sur les déserteurs et prisonniers ennemis, qui, selon tous les avis, s'échappent depuis quelque temps en foule pour se rendre à Paris, comme je l'ai déjà dénoncé inutilement plusieurs fois au comité de salut public; enfin sur l'aristocratie, qui conspire en secret autour de nous. On excitera dans la Convention nationale de violentes discussions; les traîtres, cachés jusqu'ici sous des dehors hypocrites, jetteront le masque; les conspirateurs accuseront leurs accusateurs, et prodigueront tous les stratagèmes jadis mis en usage par Brissot, pour étouffer la voix de la vérité. S'ils ne peuvent maîtriser la Convention par ce moyen, ils la diviseront en deux partis; et un vaste champ est ouvert à la calomnie et à l'intrigue. S'ils la maîtrisent un moment, ils accuseront de despotisme et de résistance à l'autorité nationale ceux qui combattront avec énergie leur ligue criminelle; les cris de l'innocence opprimée, les accents mâles de la liberté outragée seront dénoncés comme les indices d'une influence dangereuse ou d'une ambition personnelle. Vous croirez être retournés sous le couteau des anciens conspirateurs; le Peuple s'indignera; on l'appellera une faction; la faction criminelle continuera de l'exaspérer; elle cherchera à diviser la Convention nationale du Peuple; enfin, à force d'attentats, on espère parvenir à des troubles dans lesquels les conjurés feront intervenir l'aristocratie et tous leurs complices, pour égorger les patriotes et rétablir la tyrannie. Voilà une partie du plan de la conspiration. Et à qui faut-il imputer ces maux? A nous-mêmes, à notre lâche faiblesse pour le crime, et à notre coupable abandon des principes proclamés par nous-mêmes. Ne nous y trompons pas: fonder une immense république sur les bases de la raison et de l'égalité; resserrer par un lien vigoureux toutes les parties de cet empire immense, n'est pas une entreprise que la légèreté puisse consommer; c'est le chef-d'oeuvre de la vertu et de la raison humaine. Toutes les factions naissent en foule du sein d'une grande révolution. Comment les réprimer, si vous ne soumettez sans cesse toutes les passions à la justice? Vous n'avez pas d'autre garant de la liberté, que l'observation rigoureuse des principes et de la morale universelle, que vous avez proclamés. Si la raison ne règne pas, il faut que le crime et l'ambition règnent; sans elle, la victoire n'est qu'un moyen d'ambition et un danger pour la liberté même; un prétexte fatal dont l'intrigue abuse pour endormir le patriotisme sur les bords du

Maximilien de Robespierre

précipice; sans elle, qu'importe la victoire même? La victoire ne fait qu'armer l'ambition, endormir le patriotisme, éveiller l'orgueil et creuser de ses mains brillantes le tombeau de la République. Qu'importe que nos armées chassent devant elles les satellites armés des rois, si nous reculons devant les vices destructeurs de la liberté publique? Que nous importe de vaincre les rois, si nous sommes vaincus par les vices qui amènent la tyrannie? Or, qu'avons-nous fait depuis quelque temps contre eux? Nous avons proclamé de grands prix.

Que n'a-t-on pas fait pour les protéger parmi nous? Qu'avons-nous fait depuis quelque temps pour les détruire? Rien, car ils lèvent une tête insolente, et menacent impunément la vertu; rien, car le gouvernement a reculé devant les factions, et elles trouvent des protecteurs parmi les dépositaires de l'autorité publique: attendons-nous donc à tous les maux, puisque nous leur abandonnons l'empire. Dans la carrière où nous sommes, s'arrêter avant le terme, c'est périr; et nous avons honteusement rétrogradé. Vous avez ordonné la punition de quelques scélérats, auteurs de tous nos maux; ils osent résister à la justice nationale, et on leur sacrifie les destinées de la patrie et de l'humanité. Attendons-nous donc à tous les fléaux que peuvent entraîner les factions qui s'agitent impunément. Au milieu de tant de passions ardentes, et dans un si vaste empire, les tyrans dont je vois les armées fugitives, mais non enveloppées, mais non exterminées, se retirent pour vous laisser en proie à vos dissensions intestines qu'ils allument eux-mêmes, et à une armée d'agents criminels que vous ne savez pas même apercevoir. Laissez flotter un moment les rênes de la révolution, vous verrez le despotisme militaire s'en emparer, et le chef des factions renverser la représentation nationale avilie. Un siècle de guerre civile et de calamités désolera notre patrie, et nous périrons pour n'avoir pas voulu saisir un moment marqué dans l'histoire des hommes pour fonder la liberté; nous livrons notre patrie à un siècle de calamités (32), et les malédictions du peuple s'attacheront à notre mémoire qui devait être chère au genre humain. Nous n'aurons pas même le mérite d'avoir entrepris de grandes choses par des motifs vertueux. On nous confondra avec les indignes mandataires du peuple qui ont déshonoré la représentation nationale, et nous partagerons leurs forfaits en les laissant impunis. L'immortalité s'ouvrait devant nous: nous périrons avec ignominie. Les bons citoyens périront; les méchants périront aussi. Le peuple outragé et victorieux les laisserait-il jouir en paix du fruit de leurs crimes? Les tyrans eux-

Discours du 8 thermidor, an II

mêmes ne briseraient-ils pas ces vils instruments? Quelle justice avons-nous faite envers les oppresseurs du peuple? quels sont les patriotes opprimés par les plus odieux abus de l'autorité nationale qui ont été vengés? Que dis-je? quels sont tous ceux qui ont pu faire entendre impunément la voix de l'innocence opprimée? Les coupables n'ont-ils pas établi cet affreux principe, que dénoncer un représentant infidèle, c'est conspirer contre la représentation nationale? L'oppresseur répond aux opprimés par l'incarcération et de nouveaux outrages. Cependant les départements où ces crimes ont été commis, les ignorent-ils parce que nous les oublions? et les plaintes que nous repoussons ne retentissent-elles pas avec plus de force dans les coeurs comprimés des citoyens malheureux? Il est si facile et si doux d'être juste! pourquoi nous dévouer à l'opprobre des coupables en les tolérant? Mais quoi! les abus tolérés n'iront-ils pas en croissant? les coupables impunis ne voleront-ils pas de crimes en crimes? Voulons-nous partager tant d'infamie et nous vouer au sort affreux des oppresseurs du peuple? Quels titres ont-ils pour en opposer même aux plus vils tyrans? Une faction pardonnerait à une autre faction. Bientôt les scélérats vengeraient le monde en s'entr'égorgeant eux-mêmes; et s'ils échappaient à la justice des hommes, ou à leur propre fureur, échapperaient-ils à la justice éternelle qu'ils ont outragée par le plus horrible de tous les forfaits?

Pour moi, dont l'existence paraît aux ennemis de mon pays un obstacle à leurs projets odieux, je consens volontiers à leur en faire le sacrifice, si leur affreux empire doit durer encore. Eh! qui pourrait désirer de voir plus longtemps cette horrible succession de traîtres plus ou moins habiles à cacher leurs âmes hideuses sous un masque de vertu, jusqu'au moment où leur crime paraît mûr; qui tous laisseront à la postérité l'embarras de décider lequel des ennemis de ma patrie fut le plus lâche et le plus atroce.

Si l'on proposait ici de prononcer une amnistie en faveur des députés perfides, et de mettre les crimes de tout représentant sous la sauvegarde d'un décret, la rougeur couvrirait le front de chacun de nous: mais laisser sur la tête des représentants fidèles le devoir de dénoncer les crimes, et cependant d'un autre côté les livrer à la rage d'une ligue insolente, s'ils osent le remplir, n'est-ce pas un désordre encore plus révoltant? c'est plus que protéger le crime, c'est lui immoler la vertu.

En voyant la multitude des vices que le torrent de la révolution a roulés pêle-mêle avec les vertus civiques, j'ai tremblé quelquefois d'être souillé

Maximilien de Robespierre

aux yeux de la postérité par le voisinage impur de ces hommes pervers qui se mêlaient dans les rangs des défenseurs sincères de l'humanité; mais la défaite des factions rivales a comme émancipé tous les vices; ils ont cru qu'il ne s'agissait plus pour eux que de partager la patrie comme un butin, au lieu de la rendre libre et prospère; et je les remercie de ce que la fureur dont ils sont animés contre tout ce qui s'oppose à leurs projets, a tracé la ligne de démarcation entre eux et tous les gens de bien; mais si les Verrès et les Catilina de la France se croient déjà assez avancés dans la carrière du crime pour exposer sur la tribune aux harangues la tête de leur accusateur, j'ai promis aussi naguère de laisser à mes concitoyens un testament redoutable aux oppresseurs du peuple, et je leur lègue dès ce moment l'opprobre et la mort. Je conçois qu'il est facile à la ligue des tyrans du monde d'accabler un seul homme; mais je sais aussi quels sont les devoirs d'un homme qui peut mourir en défendant la cause du genre humain. J'ai vu dans l'histoire tous les défenseurs de la liberté accablés par la fortune ou par la calomnie; mais bientôt après, leurs oppresseurs et leurs assassins sont morts aussi. Les bons et les méchants, les tyrans et les amis de la liberté disparaissent de la terre, mais à des conditions différentes. Français, ne souffrez pas que vos ennemis cherchent à abaisser vos âmes et à énerver vos vertus par une funeste doctrine. Non, Chaumette, non Fouché, la mort n'est point un sommeil éternel. Citoyens, effacez des tombeaux cette maxime impie qui jette un crêpe funèbre sur la nature et qui insulte à la mort: gravez-y plutôt celle-ci: La mort est le commencement de l'immortalité.

Peuple, souviens-toi que si, dans la République, la justice ne règne pas avec un empire absolu, et si ce mot ne signifie pas l'amour de l'égalité et de la patrie, la liberté n'est qu'un vain nom. Peuple, toi que l'on craint, que l'on flatte et que l'on méprise; toi, souverain reconnu, qu'on traite toujours en esclave, souviens-toi que partout où la justice ne règne pas, ce sont les passions des magistrats, et que le peuple a changé de chaînes et non de destinées.

Souviens-toi qu'il existe dans ton sein une ligue de fripons qui lutte contre la vertu publique, qui a plus d'influence que toi-même sur tes propres affaires, qui te redoute et te flatte en masse, mais te proscrit en détail dans la personne de tous les bons citoyens.

Rappelle-toi que, loin de sacrifier cette poignée de fripons à ton bonheur, tes ennemis veulent te sacrifier à cette poignée de fripons, auteurs de tous nos maux, et seuls obstacles à la prospérité publique.

Discours du 8 thermidor, an II

Sache que tout homme qui s'élèvera pour défendre la cause et la morale publique, sera accablé d'avanies et proscrit par les fripons; sache que tout ami de la liberté sera toujours placé entre un devoir et une calomnie; que ceux qui ne pourront être accusés d'avoir trahi, seront accusés d'ambition; que l'influence de la probité et des principes sera comparée à la force de la tyrannie et à la violence des factions; que ta confiance et ton estime seront des titres de proscription pour tous tes amis; que les cris du patriotisme opprimé seront appelés des cris de sédition, et que n'osant t'attaquer toi-même en masse, on te proscrira en détail dans la personne de tous les bons citoyens, jusqu'à ce que les ambitieux aient organisé leur tyrannie. Tel est l'empire des tyrans armés contre nous; telle est l'influence de leur ligue avec tous les hommes corrompus, toujours portés à les servir. Ainsi donc, les scélérats nous imposent la loi de trahir le peuple, à peine d'être appelés dictateurs. Souscrirons-nous à cette loi? Non: défendons le peuple, au risque d'en être estimé; qu'ils courent à l'échafaud par la route du crime, et nous par celle de la vertu.

Dirons-nous que tout est bien? continuerons-nous de louer par habitude ou par pratique ce qui est mal? nous perdrions la patrie. Révélerons-nous les abus cachés? dénoncerons-nous les traîtres? on nous dira que nous ébranlons les autorités constituées; que nous voulons acquérir à leurs dépens une influence personnelle. Que ferons-nous donc? notre devoir. Que peut-on objecter à celui qui veut dire la vérité, et qui consent à mourir pour elle? Disons donc qu'il existe une conspiration contre la liberté publique; qu'elle doit sa force à une coalition criminelle qui intrigue au sein même de la Convention; que cette coalition a des complices dans le comité de sûreté générale et dans les bureaux de ce comité qu'ils dominent; que les ennemis de la République ont opposé ce Comité au comité de salut public, et constitué ainsi deux gouvernements; que des membres du comité de salut public entrent dans ce complot; que la coalition ainsi formée cherche à perdre les patriotes et la patrie. Quel est le remède à ce mal? Punir les traîtres, renouveler les bureaux du comité de sûreté générale, épurer ce comité lui-même, et le subordonner au comité de salut public; épurer le comité de salut public lui-même, constituer l'unité du gouvernement sous l'autorité suprême de la Convention nationale, qui est le centre et le juge, et écraser ainsi toutes les factions du poids de l'autorité nationale, pour élever sur leurs ruines la puissance de la justice et de la liberté: tels sont les principes. S'il est impossible de les réclamer sans passer pour un ambitieux, j'en

Maximilien de Robespierre

conclurai que les principes sont proscrits, et que la tyrannie règne parmi nous, mais non que je doive le taire: car, que peut-on objecter à un
homme qui a raison, et qui sait mourir pour son pays? Je suis fait pour
combattre le crime, non pour le gouverner. Le temps n'est point arrivé
où les hommes de bien peuvent servir impunément la patrie: les défenseurs de la liberté ne seront que des proscrits, tant que la horde des
fripons dominera.

Discours du 8 thermidor, an II

ISBN : 978-1511618878